ÉCONOMIE POLITIQUE

Imprimerie Ramboz & Schuchardt.

ÉCONOMIE POLITIQUE

DISCOURS ET RAPPORTS

DU

PRINCE NAPOLÉON

DISCOURS

PRONONCÉ A L'INAUGURATION

DE L'EXPOSITION UNIVERSELLE DE PARIS

15 Mai 1855

DISCOURS

PRONONCÉ A

L'INAUGURATION DE L'EXPOSITION UNIVERSELLE DE PARIS

15 MAI 1855

SIRE,

L'Exposition universelle de 1855 s'ouvre aujourd'hui, et la première partie de la tâche que vous nous avez donnée est remplie.

Une Exposition universelle, qui en tout temps eût été un fait considérable, devient un fait unique dans l'histoire par les circonstances au milieu desquelles celle-ci se produit. La France, engagée depuis un an dans une guerre sérieuse, à huit cent lieues de ses frontières, lutte avec gloire contre ses ennemis. Il était réservé au règne de Votre Majesté de montrer la France digne de son passé dans la guerre et plus grande qu'elle ne l'a jamais été dans les arts de la paix. Le peuple français fait voir au monde que, toutes les fois que l'on comprendra son génie et qu'il sera bien dirigé, il sera toujours la grande nation.

Permettez-moi, Sire, de vous exposer, au nom de la Commission impériale, le *but* que nous avons voulu atteindre, les *moyens* que nous avons employés et les *résultats* que nous avons obtenus.

Nous avons voulu que l'Exposition universelle ne fût pas uniquement un concours de curiosité, mais un grand enseignement pour l'agriculture, l'industrie et le commerce, ainsi que pour les arts du monde entier. Ce doit être une vaste enquête pratique, un moyen de mettre les forces industrielles en contact, les matières premières à portée du producteur, les produits à côté du consommateur ; c'est un nouveau pas vers le perfectionnement, cette loi qui vient du Créateur, ce premier besoin de l'humanité et cette indispensable condition de l'organisation sociale.

Quelques esprits ont pu s'effrayer d'un pareil concours, et ont naguère cherché à le retarder; mais vous avez voulu que les premières années de votre règne fussent illustrées par une Exposition du monde entier, suivant en cela les traditions du premier Empereur ; car l'idée d'une *Exposition* est éminemment française. Elle a progressé avec le temps, et, de nationale, elle est devenue universelle.

Nous avons suivi nos voisins et alliés, qui ont eu la gloire du premier essai ; nous l'avons complété par l'appel aux Beaux-Arts.

Votre Majesté a constitué la Commission impériale le 24 décembre 1853. Notre premier travail a été le règlement général, que vous avez approuvé par décret du 6 avril, qui est devenu la loi constitutive de l'Exposition, et qui comprend une nouvelle classification que nous croyons plus rationnelle.

L'accord le plus parfait a régné entre les membres de la Commission ; et je suis d'autant plus heureux de le constater, que les tendances, les opinions et les points de départ de mes collègues étaient très-différents. La diversité d'opinion nous a éclairés sans nous entraver ; l'importance de notre mission a écarté tout dissentiment.

Deux précédents nous ont naturellement guidés : les expositions françaises et l'exposition universelle de 1851. Quelques modifications ont cependant été apportées : elles sont toutes dans un sens de liberté et de progrès.

Nous avons établi pour l'Exposition un tarif douanier exceptionnel d'où le mot de *prohibition* a été effacé. Tous les produits exposables sont entrés en France avec un droit *ad valorem* de 20 pour 100. Nous avons trouvé le plus bienveillant concours dans la direction des douanes; et j'espère que nos hôtes étrangers emporteront une bonne impression de leurs relations avec cette administration.

La même libéralité a été appliquée dans les transports, dont nous avons pris les frais à notre charge.

Enfin, par une innovation hardie, qui n'a pas été faite à Londres, les produits exposés peuvent porter l'indication de leur prix qui devient ainsi un élément sérieux d'appréciation pour les récompenses. Tous ceux qui s'occupent des questions industrielles comprendront combien ce principe est important et quelles peuvent en être les conséquences, malgré certaines difficultés d'application.

Dans les Beaux-Arts, deux systèmes se présentaient : fallait-il faire une exposition pour les *œuvres*, sans se préoccuper de savoir si les artistes étaient morts ou vivants, ou pour les *artistes*, en n'admettant que les œuvres des vivants ?

La première idée a été soutenue : elle répondait peut-être mieux au programme qui voulait un concours de l'art au XIXme siècle; elle n'a cependant pas été adoptée, à cause des difficultés d'exécution qu'elle soulevait.

Nous avons accueilli sans révision toutes les œuvres des artistes étrangers admises par leurs comités; nous n'avons été sévères que pour nous-mêmes. La tâche d'un jury d'admission est difficile et ingrate, surtout dans une Exposition universelle, où les principes des expositions ordinaires n'étaient plus applicables, et où le jury avait à choisir les armes de la France dans cette lutte qui s'agrandissait.

L'insuffisance du bâtiment nous a suscité des difficultés sérieuses. La construction d'un édifice spécial ayant été écartée, il a fallu nous installer dans le Palais de l'Industrie, dont les inconvénients viennent de ce qu'il n'a pas été établi en vue d'une exposition aussi vaste.

Nous tenons à le dire hautement à Votre Majesté et à l'Europe, le concours des exposants a été si grand, que *la place nous a manqué*, malgré les 117,480 mètres carrés de superficie, sur lesquels 53,900 mètres carrés de surface exposable.

Obligés de recommander aux comités d'admission une grande réserve, nous ne pouvions nous en départir qu'à mesure qu'il nous était permis de disposer d'un peu d'emplacement. Ce défaut d'ensemble dans le commencement des opérations a nui à la régularité et à la justice des admissions, et a rendu encore plus difficile la tâche des comités locaux, auxquels je me plais à rendre hommage pour le concours qu'ils nous ont prêté.

Des retards fâcheux ont eu lieu dans les travaux, malgré l'activité et l'intelligence de leur direction; mais on avait vraiment trop présumé de ce qu'il était possible de faire. Ce vaste et splendide palais a été construit en moins de deux ans, et n'est pas encore complétement terminé. Nous avons pensé que le meilleur moyen d'en presser l'achèvement était d'y installer l'Exposition, dont l'ouverture ne pouvait plus être retardée.

La séparation du bâtiment affecté aux Beaux-Arts a tout d'abord été reconnue indispensable, et cette construction provisoire a été achevée à l'époque fixée. A mesure que l'Exposition prenait du développement, on décidait une construction nouvelle. Pendant que j'étais en Orient pour le service de la France et de Votre Majesté, une annexe de 1200 mètres de long a été établie sur le bord de la Seine. Cette annexe, qui contient les machines en mouvement, sera terminée dans quinze jours.

Depuis quelques semaines le bâtiment contenant le Panorama a été reconnu indispensable; il doit être entouré d'une vaste galerie, qui mettra en communication le bâtiment principal avec l'annexe et qui sera prête avant un mois.

Alors l'Exposition sera complète.

Dans notre pays, c'est habituellement le gouvernement qui se charge de toutes les grandes entreprises; pour arrêter l'exagération de cette tendance, Votre Majesté a donné un grand essor à l'industrie privée. La compagnie à laquelle l'exploitation du Palais de l'Industrie a été concédée devait trouver dans le prix d'entrée la rémunération du capital employé à la construction : de là la nécessité d'un prix d'entrée. Nous avons cependant sauvegardé autant que possible les intérêts du peuple, en obtenant que, les dimanches, l'entrée fût réduite à 20 centimes.

Nous pouvons dès à présent, grâce au catalogue fait avec une grande activité, indiquer le nombre des exposants : il ne s'élèvera pas à moins de 20,000, dont 9,500 de l'Empire français et 10,500 environ de l'étranger.

La puissance que nous combattons par les armes n'a pas été exclue. Si les industriels russes s'étaient présentés en se soumettant aux règles établies pour toutes les nations, nous les aurions admis, afin de bien fixer la démarcation à établir entre les peuples slaves, qui ne sont point nos ennemis, et ce gouvernement dont les nations civilisées doivent combattre la prépondérance.

A la fin de l'Exposition, quand nous proposerons à Votre Majesté les récompenses à décerner, nous pourrons juger les résultats de cette grande Exposition, que nous prions Votre Majesté de déclarer ouverte.

DISCOURS

DE CLOTURE

DE L'EXPOSITION UNIVERSELLE DE PARIS

15 Novembre 1855

DISCOURS

DE CLOTURE

DE L'EXPOSITION UNIVERSELLE DE PARIS

15 Novembre 1855

Sire,

Il y a six mois, à l'ouverture de l'Exposition, j'ai eu l'honneur de soumettre à Votre Majesté le résumé des travaux accomplis par la Commission que je préside pour l'exécution de la première partie de sa mission.

A cette époque, on pouvait ne pas prévoir le succès qui vient de couronner nos efforts. L'opinion publique était frappée, avant tout, des difficultés de la situation. Une guerre lointaine et acharnée, un siége opiniâtre, sans précédent dans l'histoire, attiraient au loin les regards inquiets du pays. Mais, dans notre patrie, les chances de succès se mesurent à la grandeur des entreprises. Votre Majesté poursuivit tranquillement son but; ses prévisions se sont réalisées: l'ennemi, qui comptait déjà autant de défaites que de rencontres avec notre glorieuse armée, a enfin été chassé de la ville de Sébastopol, tombée devant la valeur de nos soldats; notre marine s'est emparée de chaque point de la côte qu'elle a jugé utile d'attaquer. L'alliance des peuples unis contre la barbarie ne s'opérait pas seulement sur les champs de bataille : la Souveraine de la Grande-Bretagne, par sa présence au milieu de nous, a donné un gage éclatant des sentiments de la nation anglaise, et le faisceau militant de la civilisation s'est accru d'un peuple, le Piémont, petit par son territoire, mais grand par les hauts faits de ses ancêtres et par son avenir.

Cependant, à l'intérieur, l'Exposition étalait un spectacle digne des grands faits qui se passaient au dehors de la France. Ici également, les premiers pas ont rencontré de nombreuses difficultés. Le classement des produits du travail de tant de nations, représentées par vingt-cinq mille exposants, a nécessité un zèle tout particulier, des soins constants et minutieux, qui ont fini par tirer l'harmonie de la confusion, et ont permis au travail de poursuivre en pleine lumière ses études et de signaler les œuvres marquantes de l'Industrie et des Arts.

Les âpres rivalités, les haines internationales, naissent de l'isolement; il suffit souvent de rapprocher les peuples pour éteindre ces haines. Sous ce rapport, l'Exposition universelle a produit un immense résultat.

De tous les coins du globe, les visiteurs ont afflué à Paris. Le spectacle des progrès réels accomplis dans la voie du bien-être moral et matériel a développé parmi tous, étrangers et Français, des sentiments de considération réciproque. C'est ainsi que se propage la fraternité des peuples.

Voilà ce que peuvent, dans cette France restituée à sa mission, la volonté et la persévérance appuyées sur le droit qui soutient et sur la force qui exécute les idées conformes à la conscience du pays et à la vraie opinion publique.

J'ai soumis à Votre Majesté une série de décrets concernant l'installation et les travaux du jury international. Ce jury comprend 390 membres, divisés en 31 classes et 8 groupes; il est composé d'hommes éminents de tous les pays et dans toutes les branches du savoir humain. Ce jury a consciencieusement et utilement rempli sa mission, si diverse, si étendue, si compliquée.

L'indépendance la plus complète a été laissée

aux jurés, et je me plais à revenir sur l'idée exprimée déjà d'une façon générale, et à la confirmer par un fait que je dois signaler, à l'honneur de l'esprit de notre époque. Parmi ces représentants de tant de peuples, il ne s'est certainement pas manifesté plus de dissidence internationale qu'il n'y en avait jadis entre nos provinces de France. De l'émulation partout et toujours, de la rivalité nulle part. Aussi voyons-nous l'esprit qui animait cette honorable assemblée se traduire en faits d'une grande portée, et qui donnent, pour ainsi dire, la mesure des conséquences que produira successivement l'Exposition universelle de Paris.

Un vœu unanime a été émis pour l'introduction de l'uniformité des monnaies, poids et mesures; des liens sérieux se sont formés pour amener l'Europe à ne former qu'une grande famille, ainsi que le prédisait l'Empereur, votre prédécesseur.

Les travaux du jury ont été poussés avec une

infatigable activité: tous les rapports seront publiés avant la fin de l'année.

Appelé à la présidence du conseil des présidents et vice-présidents, j'ai cru devoir m'y préparer en suivant la trace du jury international.

Accompagné de quelques hommes dévoués et savants, j'ai examiné en détail les œuvres remarquables des artistes et les produits de l'industrie. J'ai pu ainsi me rendre compte de la grandeur du progrès réalisé dans le présent et de ses conséquences prochaines.

Des difficultés sérieuses, impossibles même à trancher d'une façon absolue, se sont présentées à l'occasion de la classification et de la nature des récompenses à décerner.

Dans l'Industrie, le progrès de toutes les spécialités de la production est si général, de tous les points surgissent des mérites et des services si éclatants, que, si ce grand concours universel devait se renouveler, il serait impossible de décerner des récompenses individuelles, à moins de détruire totalement leur valeur par leur nombre. Aussi, nous nous sommes vus forcés de fixer aux récompenses des limites qui peuvent paraître restreintes.

Les jurys de l'Industrie, après des délibérations multiples et laborieuses, ont eu l'honneur de recommander à Votre Majesté un certain nombre de distinctions. De plus, ils ont voté :

112 grandes médailles d'honneur,
252 médailles d'honneur,
2,300 médailles de 1re classe,
3,900 médailles de 2me classe,
4,000 mentions honorables.

Dans les Beaux-Arts, le rôle du jury a été plus difficile et plus délicat encore. Je me suis abstenu d'y paraître, et n'ai fait que sanctionner ses choix. J'ai seulement témoigné le désir qu'il me fût permis de proposer à Votre Majesté une haute distinction pour celui de nos artistes qui, suivant la glorieuse tradition des beaux siècles de l'antiquité, a consacré toute sa vie et son talent au genre que, dans mon opinion personnelle, je regarde comme le type éternel du beau.

Les récompenses décernées aux Beaux-Arts sont réparties ainsi qu'il suit :

40 décorations données par Votre Majesté,
16 médailles d'honneur votées par le jury,
67 médailles de 1re classe,
87 médailles de 2me classe,
77 médailles de 3me classe,
222 mentions honorables.

En décernant ces récompenses au travail, vous prouvez une fois de plus, Sire, que, dans la France de nos jours, la vraie, la seule noblesse se compose des soldats et des travailleurs qui se distinguent.

L'appréciation juste de l'époque où s'est ouverte l'Exposition universelle, époque qui, je l'espère, restera gravée dans l'histoire, m'amène à pouvoir constater le rôle échu à la France et le triomphe qu'elle recueille en l'accomplissant. Au milieu des efforts et des sacrifices d'une grande guerre, au milieu des embarras d'une mauvaise récolte, elle a montré au monde sa force et sa richesse en ne se relâchant pas un instant de ses travaux pacifiques.

Quelle est donc la source où elle a puisé ce redoublement d'énergie et de virtualité? Cette source, c'est le travail libre mais incessant, cette grande loi de l'humanité, qui fait sortir l'homme de la sauvagerie et lui permet de s'acheminer sûrement vers les sommets de la civilisation.

J'ajouterai, en empruntant des paroles célèbres, que « *le problème de l'avenir est de faire partager à l'universalité ce qui n'est que le partage du petit nombre.* »

La postérité constatera que nous sommes à

une de ces époques où une révolution dynastique répond à un grand besoin de la société nouvelle. Les races vieillissent comme les individus, et le suffrage universel devait être la base du Gouvernement appelé à conduire la France vers son nouveau but.

Dès aujourd'hui, en contemplant les faits sans passion, sans préjugés, on peut dire que vous avez, Sire, donné à la France de la gloire et du travail.

Que ceux qui, uniquement préoccupés de venger leur impuissance, s'évertuent à glorifier le passé et à représenter le peuple français comme des Romains de la décadence, en prennent bien leur parti : leurs efforts dans l'avenir seront frappés de stérilité, comme ils l'ont été dans le passé.

Les étrangers emporteront dans leurs pays, avec le souvenir de notre hospitalité, la conviction de tout ce que peut faire la France quand le sentiment national remplace dans son Gouvernement l'agitation stérile des ambitions subalternes.

Aujourd'hui, nous avons de nombreuses armées, des flottes redoutables, des alliés puissants. Les peuples font des vœux pour nos succès, ils fêtent nos victoires, ils acclament nos triomphes, et ils le font parce qu'ils savent que notre intérêt national est un intérêt européen.

A côté des résultats politiques de l'Exposition universelle, peut-être jugerez-vous, Sire, qu'elle doit être appelée à donner le signal de l'amélioration dans les conditions sociales.

Le perfectionnement des méthodes et des instruments de travail généralise le progrès. Une sorte d'organisation naturelle s'établit entre tous les peuples, et semble pousser à la modification de ce qu'il y a de trop restrictif dans les lois qui règlent leurs échanges.

L'épreuve que vient de subir la France prouve qu'elle peut entrer dans cette voie, qui doit assurer l'intérêt du consommateur sans effrayer le producteur ni diminuer son travail.

L'agriculture, qui excite à un si haut degré la sollicitude de Votre Majesté, doit se féliciter du perfectionnement des machines; peu à peu l'homme des champs s'affranchit de la partie brutale de sa peine, et si, à côté de ces admirables engins qui vont élargir le domaine de sa liberté et de son intelligence, il est mis en possession du crédit, le plus puissant des instruments du travail, de ce crédit véritable qui, dans le calme, développe la prospérité et, aux moments de crise, diminue le mal au lieu de l'augmenter, nul doute que sous peu la situation de nos agriculteurs ne subisse une notable amélioration.

Je ne fais qu'exprimer ici les idées dont Votre Majesté poursuit déjà la réalisation, et qu'elle a commencé à appliquer.

Il me reste un dernier et bien agréable devoir: c'est celui d'exprimer ici toute ma reconnaissance à Votre Majesté, qui a bien voulu me mettre à même de servir notre pays, dans la même année, sur les champs de bataille et dans ce concours pacifique.

Je tiens aussi à remercier hautement les hommes intelligents et dévoués qui m'ont secondé, et que j'ai toujours trouvés à la hauteur de leurs devoirs.

RAPPORT

A L'EMPEREUR

SUR L'EXPOSITION UNIVERSELLE DE PARIS

EN 1855

RAPPORT

A L'EMPEREUR

SUR L'EXPOSITION UNIVERSELLE DE PARIS

EN 1855

INTRODUCTION

SIRE,

Je viens mettre sous vos yeux le Rapport général sur l'Exposition universelle de 1855, et compléter ainsi la mission que vous m'avez donnée.

[1] On n'a publié ici que l'*Introduction* et la *Conclusion* qui seules offrent un intérêt général, les autres parties du Rapport traitent de détails statistiques et spéciaux, que l'on a supprimés.

Les détails dans lesquels je vais entrer sont arides, mais ils ont leur utilité ; j'ai cru d'ailleurs qu'il ne m'était permis de rien omettre dans l'exposé des travaux de la Commission impériale.

Votre Majesté reconnaîtra qu'il a fallu surmonter bien des difficultés pour que cette œuvre, entreprise et réalisée au milieu des préoccupations les plus graves, prît rang parmi les faits mémorables de notre époque. Mon premier devoir est de remercier les hommes de talent qui m'ont secondé avec tant de dévouement.

Je me suis appliqué à rassembler dans ce Rapport les enseignements qu'on peut puiser dans les expositions passées, et que j'ai considérés comme les plus propres à indiquer la marche à suivre dans les expositions futures.

Les expositions universelles sont une nécessité de notre temps. Sans porter atteinte aux nationalités, éléments essentiels de l'organisation des états, elles fortifient les généreuses influences qui convient tous les peuples à l'harmonie des sentiments et des intérêts. L'observation qui m'a frappé tout d'abord, c'est que de ces grands concours jaillit une fois de plus la preuve que les sociétés modernes doivent marcher vers la liberté. En examinant la provenance et l'origine des richesses étalées sous nos yeux, j'ai pu constater que la supériorité industrielle d'une nation dépend par-dessus tout de sa moralité et de son esprit d'initiative individuel.

Je tiens à revendiquer pour la France la première idée d'une Exposition universelle. Dès 1849, la proposition en avait été faite dans nos assemblées législatives. Si l'Angleterre nous a précédés dans l'application, il faut l'attribuer aux événements politiques, à certains intérêts trop faciles à effrayer, et aussi à la différence du génie des deux nations, l'une plus prompte à concevoir, l'autre à réaliser. Mais le succès de l'Exposition universelle de Londres excita notre émulation. A peine les portes du Palais de Cristal étaient-elles closes que de toutes parts on se mit à réclamer pour Paris l'honneur d'un semblable concours.

Votre Majesté voulut satisfaire à ce vœu de l'opinion publique. Le 8 mars 1853, une Exposition universelle des produits de l'Industrie fut décrétée; elle devait s'ouvrir le 1er mai et se fermer le 30 septembre 1855.

Si la France se laisse trop souvent devancer dans la réalisation des idées que son génie fait éclore, elle leur donne, quand elle les applique, un caractère particulier qui les élève et les grandit. C'est ce que Votre Majesté a prouvé, quand, à l'Exposition universelle des produits industriels, elle a joint une exposition universelle des Beaux-Arts. Le décret qui institue cette exposition est du 22 juin 1853. Il est précédé de considérants remarquables qui en font ressortir l'esprit.

La direction des expositions est confiée habituellement à l'administration de l'agriculture et du commerce, et à celle des Beaux-Arts. Dans une circonstance aussi importante, et en présence des questions nouvelles qui allaient se présenter, Votre Majesté crut devoir, ainsi que cela avait eu lieu à Londres, nommer une Commission spéciale, que je fus appelé à l'honneur de présider.

Le décret qui institue la Commission impériale est daté du 24 décembre 1853; il la divise en deux sections : la section des Beaux-Arts et la section de l'Agriculture et de l'Industrie.

La tâche dévolue à la Commission impériale était considérable : il fallait pourvoir à ce que l'appel de la France rencontrât partout un écho sympathique; terminer, approprier et compléter les bâtiments nécessaires à l'Exposition; faciliter aux artistes et aux industriels les moyens de nous faire parvenir leurs œuvres ou leurs produits; simplifier une foule de difficultés soulevées par notre législation et nos règlements administratifs; tracer pour un fait exceptionnel tout un ensemble de règles exceptionnelles; organiser de vastes services dont les premiers éléments n'existaient pas; choisir un personnel pour une administration nouvelle, sans traditions, ou avec des précédents qu'il était essentiel de modifier; veiller aux travaux et aux opérations du jury; distribuer les récompenses de façon à honorer tous les mérites et à ne froisser aucune juste susceptibilité; faire enfin grandement les honneurs de la France à tous les peuples du globe, dont Paris serait pendant six mois le rendez-vous.

L'ensemble des travaux de la Commission impériale embrasse une période de plus de deux années. Ma présidence effective n'a duré que quatre mois en 1854 et les dix derniers mois de 1855. Votre Majesté m'ayant appelé à l'honneur de servir la France, en commandant une division de l'armée d'Orient, j'ai été absent du 1er avril 1854 au 1er février 1855. Ce qui a été fait dans cet intervalle échappe, par conséquent, à ma responsabilité. C'est pendant ce temps que surgissait la question si grave des bâtiments; je l'ai trouvée engagée à mon retour.

Je m'empresse de reconnaître que les plus louables efforts ont été faits par la Commission impériale pour tirer parti d'une situation difficile. Mais en me plaçant à la tête de l'Exposition universelle, Votre Majesté n'a pas voulu seulement m'accorder une marque de confiance, elle a prétendu me fournir la possibilité d'être utile à la France, et je tiens à marquer nettement dans quelles limites il m'a été donné de remplir mon mandat.

Le compte rendu que je présente à Votre Majesté doit être la représentation fidèle du développement de l'Exposition universelle; il doit la prendre à son origine, décrire toutes ses transformations, la suivre dans ses progrès successifs, pour la conduire jusqu'au moment où elle cesse, et indiquer enfin les conséquences qui en résultent et les enseignements qu'elle a laissés après elle. Ces considérations m'ont conduit à diviser ce travail en cinq parties correspondant aux périodes que viens d'indiquer.

La première partie, que j'appelle de *Constitution* et d'*Organisation*, comprend la discussion des règlements, l'établissement de l'administration, l'organisation des comités français et étrangers et du jury international; en un mot, tout ce qui concerne la législation et la préparation de l'Exposition universelle.

La seconde partie, celle de l'*Installation*, comprend les travaux relatifs à la question des bâtiments, à la répartition de l'espace, à l'installation et à l'arrangement des œuvres d'art et des produits, aux mesures d'ordre et de surveillance, en général à tout ce qui touche à l'aménagement.

La troisième partie comprend les travaux relatifs à l'*Appréciation* et aux *Récompenses*, c'est-à-dire les opérations du Jury international, les expériences et études, les décisions relatives aux récompenses.

La quatrième partie, qui est la *Liquidation*, renferme tous les travaux destinés à clore l'Exposition universelle.

J'ai, enfin, complété mon travail par des observations que l'expérience m'a suggérées et qui peuvent servir d'enseignement pour les expositions futures. Ce sont des considérations générales dont quelques-unes touchent aux questions les plus délicates de l'économie des sociétés; je les ai groupées dans la cinquième et dernière partie, qui forme la *Conclusion* de ce Rapport.

Veuillez agréer, Sire, l'hommage du profond et respectueux attachement avec lequel je suis,

De Votre Majesté,

Le très-dévoué cousin.

NAPOLÉON.

CONCLUSION

Les expositions universelles doivent remplacer les expositions nationales, inaugurées il y a soixante ans par la France. Malgré le petit nombre d'expériences faites, il est permis d'affirmer que ces agglomérations synoptiques des produits du globe sont devenues nécessaires, comme tous les progrès accomplis. Pendant longtemps il n'y avait eu d'expositions qu'en France; il y a une douzaine d'années, toutes les nations se mirent à nous imiter, et des expositions eurent lieu en Belgique, en Prusse, en Autriche, en Espagne, etc. Dès lors ce ne fut plus seulement entre les produits nationaux que la comparaison s'établit; grâce aux missions des savants et aux comptes rendus de la presse, on établit des rapports et des rapprochements entre les diverses expositions : de là l'idée d'une Exposition universelle. Ce pas fut franchi dès que l'on comprit la nécessité de consacrer ce qui existait déjà dans les études des hommes spéciaux.

Ce qui prouve que les expositions universelles répondent bien à un besoin, c'est que rien n'a pu arrêter l'empressement que les populations ont mis à prendre part aux deux solennités sérieuses de ce genre qui ont eu lieu jusqu'ici. C'est au lendemain d'une révolution dont les effets s'étaient fait sentir jusque dans les contrées les plus reculées de l'Europe que les Anglais ouvrent le Palais de Cristal. C'est au milieu des péripéties d'une grande guerre que s'est ouverte et développée l'Exposition française. Il a fallu, dans cette deuxième exposition universelle, doubler l'espace, et l'Empereur a pu voir que cette énorme augmentation est loin d'avoir répondu à toutes les nécessités. Les expositions universelles sont donc réellement entrées dans les habitudes de l'industrie européenne.

Il faut se féliciter de ce fait, qui est une manifestation de notre civilisation et affirme cette vérité, qu'une nation ne forme point un tout isolé, mais que tous les peuples tendent à être unis, au point de vue industriel, par un lien de solidarité. Chaque contrée est douée d'une production naturelle ou spéciale, qui lui assigne une place particulière dans le travail humain et la rend utile à toutes les autres. Les échanges internationaux sont une nécessité dont il faut faciliter le développement. Ces expositions contribueront à la rapide propagation de cette vérité, que l'on doit, tout en ménageant les transitions et les changements trop brusques, marcher à la véritable organisation industrielle et commerciale du monde, à celle qui nous vient de la Providence, et qui consiste à laisser chaque groupe de la grande famille humaine se développer dans la branche de travail à laquelle le destinent son climat, son sol, ses richesses minérales, ses voies de communication, son tempérament et son génie national. C'est ce dont on peut s'assurer en jetant les regards sur l'ensemble des événements contemporains. Depuis l'Exposition universelle de 1851, les gouvernements ont tous fait subir des remaniements plus ou moins importants à leurs tarifs douaniers.

Il doit sortir de ce mouvement qui entraîne les sociétés un bon résultat. Les peuples se connaissaient mal; l'ignorance réciproque rendait les malentendus faciles: la fréquence des rapports, le mouvement des échanges, la solidarité des transactions, modifieront cet état de choses. En se voyant de plus près et plus souvent, la conscience s'éclaire; le sentiment local, qui nourrit le préjugé, s'affaiblit; l'esprit philosophique se développe.

Les expositions universelles font partie de ce vaste progrès économique auquel appartiennent les voies ferrées, les télégraphes électriques, la navigation à vapeur, les percements d'isthmes, tous les grands travaux publics, et qui doit amener un accroissement de bien-être moral, c'est-à-dire plus de liberté, en même temps qu'une augmentation de bien-être matériel, c'est-à-dire plus d'aisance au profit du grand nombre.

Ces grandes solennités mettent en rapport tous les savants du globe. Que les jurys soient conservés dans leur organisation actuelle, ou qu'on leur fasse subir une transformation que je crois nécessaire, il n'en est pas moins certain que ces corps, formés d'homme d'élite, sont de véritables conciles dans lesquels se discutent les questions les plus ardues et s'agitent les problèmes les plus difficiles de l'ordre matériel. A ce contact de tous les jours, à ces études en commun, à ces discussions fréquentes, il est impossible que les hommes qui composent ces réunions ne gagnent pas en force et en lumières. Les avis peuvent, en effet, être partagés sur l'utilité des réunions d'hommes destinées à aboutir à l'action; mais ils ne sauraient l'être quand il s'agit d'étudier et d'élaborer les idées. L'action gagne à être concentrée, mais c'est après une large et libre discussion en commun.

Les expositions, collections d'expériences et de faits, ouvrent la voie aux perfectionnements. Que de difficultés réputées inextricables avant elles paraissent devoir être levées! Que de questions déclarées insolubles sont sur le point de se dénouer! Que d'idées dont l'application soulevait des doutes sont sur la voie d'une sérieuse réalisation! En rassemblant sur un même point toutes les forces vives de l'humanité et en leur présentant un immense champ d'études, les expositions ont donné une impulsion énorme à l'esprit de découverte et formé des liens utiles au progrès général.

Ce n'est pas tout. Grâce à elles, il n'est pas un travailleur arrivant à une découverte ou à un perfectionnement qui n'ait les moyens de les faire constater. Ces réunions, qui mettent simultanément sous les yeux tous les produits de l'industrie humaine, développeront les industries bonnes et utiles, et, séparant le bon grain de l'ivraie, feront disparaître ces industries plagiaires qui vivent de vols. Ces résultats, que j'ai souvent entendu apprécier comme des reproches, sont à mes yeux un argument de plus à faire valoir. Comment, en effet, s'approprier l'idée d'autrui, quand chaque création a son origine connue de tous? Comment donner pour bonne une combinaison factice et défectueuse, quand les points de comparaison sont sous les yeux de tout le monde? Les expositions universelles, en rendant à chacun ce qui lui est dû, laissent aussi à chacun la responsabilité de ses œuvres, et doivent exercer une grande influence moralisatrice. Nées d'hier, elles ne sont pas près de périr. Il faut qu'elles entrent dans les prévisions des gouvernements. C'est à ce titre que j'ai osé aborder les questions qu'elles soulèvent.

Sous quelle forme les expositions sont-elles

possibles? Elles doivent être des institutions sérieuses, des moyens d'étude, et non un simple spectacle offert à la curiosité.

Universelles en ce sens qu'elles doivent faire appel à tous les peuples, les prochaines expositions pourront devenir *partielles*, c'est-à-dire embrasser seulement un groupe et une spécialité de produits. Cette division dans les expositions, imitation de celle qui existe dans le travail, offre divers avantages sur lesquels j'appelle l'attention de l'Empereur.

Et d'abord, la grande difficulté des expositions universelles, difficulté qui s'est fait sentir si cruellement, consiste dans les conditions d'espace et de construction. Tant que les expositions universelles embrasseront dans leur ensemble tous les produits, on se trouvera en présence d'obstacles presque insurmontables. L'industrie marche à pas de géant. A Londres, 75,000 mètres carrés avaient été considérés comme un espace immense; le Palais de Cristal, par ses proportions colossales, était une merveille. A Paris, 117,000 mètres furent reconnus insuffisants. Qui peut prévoir les dimensions que devra présenter le bâtiment destiné à abriter la prochaine exposition, si elle est faite dans les mêmes conditions que les précédentes.

Que les expositions deviennent partielles, et le problème est plus facile à résoudre. On peut aisément s'enquérir de l'état d'un groupe de la production et, à l'aide des documents statistiques recueillis, déterminer quel espace est nécessaire pour ses produits.

Je trouve la preuve de ce que j'avance ici dans la facilité avec laquelle s'est exécuté le Concours universel agricole de 1856. Quoique le Palais de l'Industrie n'eût point été construit en vue d'une exposition de ce genre, on a pu l'approprier, sans beaucoup de frais et en très-peu de temps, à cet usage, parce qu'on savait à quoi s'en tenir sur la nature des produits à exposer et, jusqu'à un certain point, sur leur quantité.

Cette exposition agricole de **1856** est un spécimen des expositions telles que je les conçois. L'Empereur a pu voir avec quel ordre elle s'était accomplie et combien, malgré son caractère partiel, elle a été suivie avec intérêt par le public. Je suis convaincu que les expositions des principaux groupes de produits industriels auraient le même succès et offriraient les mêmes facilités d'exécution.

Avec le système adopté jusqu'à présent, la fréquence des expositions est irréalisable, et à cause des dépenses considérables qu'elles entraînent, et aussi parce que les progrès qui se manifestent n'embrassent pas toutes les industries à la fois, et qu'avant tout ce sont les progrès accomplis que les expositions ont pour objet de mettre en évidence. Si les expositions étaient partielles, on choisirait la branche de l'activité humaine qui est en voie de perfectionnement ou dont l'étude correspond à un besoin du moment. En les restreignant ainsi, on pourrait les rendre et plus fréquentes et beaucoup plus complètes. Les industries ne s'offriraient plus dans un état réduit eu égard à leur importance réelle; elles se présenteraient à l'observation dans les conditions de leur existence régulière et de leur développement normal.

Les expositions par catégories rendraient les études plus faciles et plus fructueuses. L'esprit, concentré sur un plus petit nombre d'objets analogues, ne laisserait échapper aucun détail et s'en rendrait mieux compte. Le vice des expositions embrassant toutes les industries, c'est d'offrir un trop grand assemblage. En présence d'une diversité infinie, quelque bonne classification qu'on adopte, le visiteur voit mal et retient difficilement.

Le choix des groupes, la ligne de démarcation à tracer entre eux, la périodicité à établir, ne peuvent être l'objet d'une solution absolue. C'est ici qu'on devra prendre conseil du temps et des circonstances. Je crois qu'en France, par exemple, on pourrait diviser les produits en cinq groupes. Je proposerais :

1° Le groupe des beaux-arts, ce qui a déjà lieu ;

2° Le groupe de l'agriculture et des matières premières ;

3° Le groupe des instruments de production ;

4° Le groupe des produits fabriqués ;

5° Le groupe de l'économie domestique, qui donnerait lieu à une exposition permanente.

L'exposition universelle des instruments de production aurait lieu à de moindres intervalles que les autres, parce que dans cette branche les progrès sont plus rapides et plus fréquents. Quant aux objets qui se rapportent à l'économie domestique, leur utilité milite en faveur de la permanence.

En indiquant ces différents groupes, je n'ai pas entendu tracer entre eux une ligne de démarcation infranchissable. Dans l'application, le jury d'admission pourrait introduire les exceptions qu'il jugerait utiles. Ainsi, on comprend très-bien que certains produits obtenus avec de nouvelles matières puissent être admis dans une exposition qui embrasserait seulement le groupe des matières premières : ce serait le moyen de juger de l'utilité de la nouvelle matière, et de l'offrir dans les seules conditions où elle puisse donner lieu à un examen sérieux. De même, dans une exposition réservée aux machines, il y aurait quelquefois nécessité d'admettre, à titre d'échantillons, certains produits fabriqués, afin de les comparer aux similaires, une machine se jugeant par ses résultats encore plus que par l'agencement des parties qui la composent.

La durée des expositions est indiquée chez nous par la belle saison, et ne doit donc pas dépasser quatre mois.

La périodicité devrait être établie de façon que les expositions ne se gênassent pas, et qu'on pût les retarder d'une année quand elles viendraient à coïncider entre elles.

Les expositions partielles ne feraient pas disparaître complétement les expositions universelles composées de tous les groupes. Seulement, comme ces dernières sont le résumé des perfectionnements de toute une époque, mon sentiment est que ce concours extraordinaire devrait se faire seulement tous les demi-siècles.

Pour compléter le programme des futures expositions, telles que je les conçois, je vais examiner l'organisation financière à adopter.

Il faut maintenir le principe du prix d'entrée. Avec un tarif bien calculé et une sage économie dans la direction, je crois que les revenus dépasseraient les dépenses. Le budget de l'Exposition de 1855 ne saurait être considéré comme un budget normal, le chiffre des dépenses ayant été accru dans des proportions excessives par des circonstances tout à fait exceptionnelles. Avec des dépenses bien moindres, on obtiendrait des résultats meilleurs; mais il faudrait pour cela avoir le temps et l'espace qui nous ont manqué.

L'organisation la plus rationnelle serait de laisser la direction des expositions à l'initiative des particuliers; c'est le système suivi en Angleterre. Malheureusement, dans notre pays, où l'on croit qu'on ne peut rien faire sans le concours de l'État, la chose ne paraît pas possible, au moins au début de l'entreprise. Il faudrait avoir recours à une solution mixte, qui serait la désignation par l'Empereur d'une commission spéciale prise en dehors des administrations publiques. Cette commission, indépendante par l'autorité directe et la haute mission qu'elle tiendrait du Souverain, placée en dehors de la routine par les éléments dont elle serait composée, réunirait tout à la fois et le prestige, qui ne s'obtient en France que par la délégation du pouvoir, et l'esprit d'initiative, qui ne se trouve guère qu'en dehors des administrations.

Chez nous, il faut l'avouer, on est toujours placé entre deux écueils : l'administration, qui s'inspire trop souvent de la routine et qui fait chèrement, et les particuliers, qui ne font pas du tout. Il n'y a pas, du reste, à songer à trouver en dehors de l'État des ressources suffisantes. En France, les capitaux manquent souvent de hardiesse, ou bien, quand ils se décident à entrer dans une affaire, la moralité et l'intelligence leur font fréquemment défaut. Pour leur inspirer l'envie de se risquer dans une entreprise de ce genre, il faut donc que l'expérience ait prouvé que c'est un bon et solide placement. Alors seulement on pourrait faire appel à une compagnie réunissant des éléments sérieux, qui aurait la direction permanente des expositions. La commission gouvernementale pourrait être ainsi une transition naturelle à l'entreprise privée. Car c'est ma conviction intime que l'État doit faire le moins possible, et que son rôle doit se borner, dans certains cas comme celui-ci, à exciter les particuliers à faire par eux-mêmes.

La pratique a, je crois, résolu la question de savoir où les expositions universelles sont désormais possibles. Le lieu naturel d'une exposition est la capitale d'un pays susceptible d'y apporter par lui-même un grand contingent, et que sa position géographique et ses conditions morales fassent accepter par tous les peuples comme une métropole. On a tenté des expositions universelles en dehors de ces conditions, à Munich, à Dublin et à New-York : elles ont échoué.

Je ne connais aujourd'hui que deux villes qui réalisent l'idée qu'on se fait d'une semblable métropole : Paris et Londres. Londres voit arriver de tous les points du globe les productions les plus diverses ; elle est pour un grand nombre d'articles le centre du commerce du monde entier. Paris est le foyer intellectuel où s'élaborent les idées modernes ; glorieux privilége qu'il faut lui maintenir.

C'est un grand centre de population, et une place industrielle où se fait un immense mouvement de capitaux. Paris est pour les sciences et les lettres un rendez-vous habituel; toute idée, comme tout talent, doit venir y prendre ses lettres de naturalisation. Notre langue est répandue partout. La position continentale de cette ville en fait un centre de communication facile. Ajoutons que Paris est le séjour d'une colonie nombreuse d'étrangers qu'y appellent les affaires, le plaisir, l'étude, etc., que par ses collections, ses musées, ses bibliothèques, il se prête plus qu'aucune autre capitale aux travaux d'ensemble sur l'industrie, les sciences et les arts; que par l'urbanité de ses mœurs, par son hospitalité envers les étrangers, notre capitale a véritablement un caractère cosmopolite.

Avant de s'alimenter au dehors, il faut qu'une exposition ait son principe d'existence au dedans. Cela ne peut avoir lieu que dans un pays qui, par ses richesses et son industrie, soit lui-même un puissant noyau de production. C'est donc véritablement à Londres et à Paris seulement que les expositions universelles pourront réussir.

La question du bâtiment est si importante, que les dispositions purement matérielles s'élèvent ici à la hauteur d'une question de méthode. Il s'agit de faire que l'aménagement soit un auxiliaire des études.

Et d'abord, il est essentiel, indispensable, que le bâtiment soit construit en vue de l'entreprise elle-même. L'épreuve a été faite : elle a coûté cher; mais elle n'a rien laissé à désirer comme enseignement.

En second lieu, il faut non-seulement que les constructions comportent de vastes proportions, mais encore qu'elles puissent s'agrandir à volonté. Quelque précaution qu'on prenne pour s'assurer à l'avance de l'emplacement dont on aura besoin, il y aura toujours indécision et doute jusqu'au dernier moment. Les proportions arrêtées pour une année ne seront plus les mêmes pour les années suivantes. Il ne faut donc pas songer, comme on l'a fait, à construire un bâtiment avec une enceinte déterminée nécessitant l'établissement d'annexes toujours incommodes. Il faut s'arrêter à des constructions très-légères, temporaires, appropriées aux besoins du moment; sinon on devra renoncer à donner à l'exposition le caractère unitaire qui permet seul de l'étudier avec fruit.

L'édifice devra être établi de telle sorte que son aménagement se combine avec le système de classification. Jusqu'ici, dans l'installation des produits, on semble ne s'être préoccupé que d'offrir aux visiteurs un spectacle agréable. Tout au plus a-t-on suivi dans l'arrangement et le groupement des masses exposées l'ordre géographique. Aussi l'étude des expositions a-t-elle été une véritable fatigue. Pour embrasser un groupe ou une classe, il fallait, à Paris encore plus qu'à Londres, parcourir le Palais dans tous les sens et chercher péniblement les produits éparpillés. On peut échapper à cet aménagement vicieux sans rien sacrifier des conditions artistiques. Je comprends une construction qui, transversalement, offrirait les objets rangés par nationalité et qui, longitudinalement, les présenterait disposés par nature de produits, en trois grandes divisions : dans la première division, qui formerait un des bas-côtés, seraient placées les matières premières; dans la seconde, qui formerait l'autre bas-côté, seraient placés les engins de production; enfin, dans la galerie du milieu seraient disposés en trophées les produits et leurs dérivés. Cette disposition offrirait des avantages. Voudrait-on étudier toute l'industrie d'un pays? on l'aurait tout entière réunie sur un seul point; il suffirait de parcourir la galerie dans le sens transversal. Désirerait-on, au contraire, étudier un groupe ou une classe de produits? on suivrait alors le sens longitudinal, et l'on pourrait ainsi faire la comparaison entre les différents peuples.

Même en conservant aux expositions le caractère qu'elles ont eu jusqu'ici, je crois qu'il faut un bâtiment à part pour les beaux-arts, que l'agriculture et les machines en mouvement doivent de même avoir un local séparé. La nécessité de ne pas diviser l'attention et de ne pas troubler l'esprit milite en faveur de ces dispositions. Ces conclusions, auxquelles m'amène la logique, sont un argument de plus en faveur des expositions universelles par groupes. En effet, on reconnaît que, dans une exposition embrassant l'ensemble de la production humaine, il faut une unité, et cependant on comprend que les conditions doivent être essentiellement différentes pour chaque groupe.

Les exigences des constructions, telles que je viens de les établir, n'offrent pas, ce me semble, un problème bien difficile à résoudre. C'est à l'architecture à faire des efforts nouveaux pour des besoins nouveaux. Sans entrer dans les détails, on peut prévoir les conditions générales auxquelles l'artiste aurait à se soumettre. Il faut que les galeries réunissent tout à la fois l'élégance, la solidité et la commodité; que leur hauteur soit médiocre, pour qu'il n'y ait pas de place perdue; qu'il n'entre dans la construction que des matières légères et d'un maniement facile, du bois, du plâtre, du fer et du verre; que toutes les parties soient établies sur un modèle uniforme; que la surface exposable dans le sens vertical soit la plus considérable possible; que les toiles destinées à garantir les produits de l'action du soleil soient placées à l'intérieur; qu'il y ait, pour la commodité du public et pour la satisfaction du goût, des points d'où l'œil puisse embrasser l'ensemble; qu'on trouve des salles vastes et commodes pour le jury et l'administration; que le public puisse circuler à l'aise dans toutes les parties, et qu'enfin tout cela soit placé dans un bâtiment n'offrant qu'une seule ligne. Tel est le programme que l'architecte d'une exposition a désormais à remplir.

Après le bâtiment, la question la plus importante est celle du règlement destiné à assurer la marche d'une exposition, à résoudre les difficultés qui peuvent se présenter et à indiquer les principes qui doivent la diriger.

Le règlement que nous avions adopté satisfaisait à toutes les exigences; l'esprit le plus libéral avait présidé à sa rédaction. Telle était l'économie de ses dispositions et la méthode de classification adoptée, qu'il a laissé peu de place aux doutes et a été d'une exécution facile. S'il a péché par quelques endroits, cela tient à ce que plusieurs principes qu'il renfermait sont encore en voie de discussion et appellent la pratique pour être décidés dans le sens de la raison et de la vérité.

Trois questions paraissent réclamer une prompte solution : il s'agit de savoir : 1° si les législations douanières peuvent subsister telles qu'elles existent; 2° quelle décision doit être prise à l'égard des prix de vente; 3° enfin si les jurys de récompenses satisfont bien au but qui les a fait instituer.

Les législations douanières devront subir et

elles subissent déjà de grandes modifications sous l'influence des expositions universelles. Elles tendent à la substitution des droits fiscaux aux droits protecteurs perpétuels. En France, le principe de la suppression de la prohibition est un fait acquis, et, en attendant une émancipation plus complète, on ne peut nier qu'il n'y ait un progrès utile à abaisser les droits sur les matières premières pour mettre nos fabricants sur un pied d'égalité avec ceux de l'étranger.

Les études faites sur les produits exposés en 1855, et surtout les conclusions des rapports du jury international, mènent à une réforme dans le sens indiqué. D'un examen approfondi et de comparaisons faites avec le plus grand soin, il m'a été permis de conclure que beaucoup de nos industries peuvent rivaliser avec leurs similaires du dehors et que les plus arriérées étaient celles qui vivaient encore à l'abri des prohibitions, preuve évidente de la nécessité du stimulant de la concurrence étrangère pour créer le perfectionnement.

Je crois que, dans des matières aussi graves, non-seulement par les objets auxquels elles s'appliquent, mais encore par les passions qu'elles soulèvent et les intérêts engagés, il faut faire peu de théorie et beaucoup de pratique. Le mieux est peut-être de ne pas trop poser de principes généraux, mais de prendre chaque tarif séparément, de le discuter et de ne prononcer une réduction que lorsqu'elle aura été reconnue véritablement utile. Vouloir procéder par généralités et par mesures d'ensemble, c'est fournir un prétexte aux déclamations intéressées, c'est alarmer les industries sans que l'application puisse fournir immédiatement des résultats propres à rassurer les esprits. La solution séparée de chaque question du tarif serait, à mon avis, de tout point préférable.

Notre règlement avait décidé que tous les produits étrangers, même prohibés, seraient admis moyennant un droit maximum de 20 pour 100. Celui des expositions futures pourrait aller plus loin et admettre l'introduction en franchise des produits étrangers, en nombre très-limité et comme échantillons.

Cette disposition serait un grand attrait pour les étrangers et le public : pour les étrangers, elle deviendrait la source d'opérations fructueuses, et le public serait ainsi appelé à consommer des produits nouveaux. Elle ne ferait aucun tort à l'industrie nationale, et elle permettrait de faire disparaître une réglementation difficile et, pour ainsi dire, nulle dans ses résultats. Les mesures adoptées par la Commission avaient nécessité l'établissement dans les bâtiments de l'Exposition d'un bureau de douanes; aucun produit étranger ne pouvait entrer ni sortir sans être soumis à son contrôle; les produits entrés dans la consommation intérieure ou réexpédiés aux ports de provenance ont donné lieu à des écritures volumineuses.

Et tout cela s'est traduit en un chiffre de 333,000 francs, représentant une somme de 2,200,000 francs de produits importés ! C'est pour cette recette minime qu'on s'est donné tant de peine ! La petite quantité de produits étrangers admis avec un droit réduit s'est perdue dans le torrent de la consommation générale et n'a exercé aucune influence sur nos industries, dont elle n'a pas même pu exciter l'émulation.

Partisan et ami très-dévoué de notre travail national, et convaincu que l'innovation que je propose lui serait favorable, j'insiste pour son adoption. En effet, quand le public a usé d'un produit dont l'utilité est reconnue, il ne peut plus s'en passer. La quantité de produits étrangers admis étant restreinte relativement à la consommation du pays, ce serait à l'industrie nationale que reviendrait la commande des produits similaires destinés à satisfaire le besoin nouveau.

En ce qui concerne l'indication des prix sur les produits exposés, trois systèmes sont en présence : 1o Interdira-t-on la publication des prix ? 2o Rendra-t-on cette publication facultative ? 3o L'indication des prix sera-t-elle obligatoire ?

C'était un article du règlement de la Commission royale de Londres qu'aucun produit ne porterait l'indication de son prix. Cette disposition, évidemment mauvaise, avait soulevé une très-vive réprobation et le fruit qu'on avait espéré retirer de l'Exposition était en partie perdu, puisqu'on manquait d'un élément essentiel de jugement. Une pareille interdiction était contraire à la moralité commerciale. C'était, en quelque sorte, faire au public l'aveu brutal qu'on ne voulait ni l'éclairer, ni lui dire la vérité.

Pour échapper à ces inconvénients et éviter ces reproches, la Commission impériale crut devoir prendre un parti intermédiaire : elle adopta le système des prix facultatifs. Ce parti n'atteignit pas le but. A diverses reprises la Commission stimula le zèle des exposants pour obtenir d'eux l'indication des prix; mais ou bien elle échoua devant un mauvais vouloir très-prononcé, ou bien elle n'obtint que des résultats illusoires.

La plus grande variété a régné dans les indications. Le règlement disait bien que le prix de vente pouvait être livré à la publicité; mais il ne disait pas quel prix. Était-ce le prix de vente en fabrique, ou bien le prix de vente en gros, ou bien encore le prix de vente au détail. Des exposants mettaient le prix sans dire lequel, et rendaient ainsi ce renseignement inutile. L'expérience de 1855 a été complète : l'indication facultative des prix doit être bannie d'une exposition.

Reste le système des prix obligatoires. Celui-là est, quoique d'une application difficile, à mon avis, le seul juste et le seul rationnel. Je vais dire tout de suite les oppositions qu'il soulève et les obstacles qu'il rencontre. L'industriel qui livre directement ses produits au public répugne à faire connaître ses prix de revient, parce que la publicité pourrait lui susciter une concurrence qui le forcerait à diminuer son bénéfice. L'intermédiaire qui prend chez les fabricants les produits manufacturés pour les offrir au public, soit en gros, soit en détail, voit dans la publicité qu'on réclame une atteinte directe portée à son industrie : la connaissance des prix mettrait le public dans la confidence de la valeur réelle de la marchandise et rendrait les acheteurs plus clairvoyants.

On n'aura pas seulement des résistances à briser, mais de grandes difficultés pour arriver à la vérité. Quand un prix sera indiqué, quel moyen de contrôle aura-t-on pour vérifier si la déclaration est sincère? A supposer qu'on ait affaire à des exposants véridiques, tout n'est pas encore dit. Dans l'appréciation, ne faut-il pas tenir compte, chose délicate, de la diversité des milieux de production? Et puis, quel prix devra servir de *criterium?* Suivant moi, le seul utile à connaître pour le public, c'est celui auquel l'industriel peut lui livrer son produit ; c'est tout ce qui importe et ce qu'on peut exiger. Quant au prix de revient, il est moins nécessaire à connaître. Mais ce prix de vente au consommateur, comment arriver à faire que le fabricant le livre dans toute sa sincérité?

Malgré ces difficultés et ces oppositions, dont je ne me dissimule pas la gravité, il faut arriver à l'indication obligatoire des prix. C'est un progrès nécessaire. Les difficultés ne me paraissent pas insurmontables, et il ne faut pas, dans tous les cas, leur faire le sacrifice de la vérité. Pourquoi serait-ce précisément dans le commerce et dans les transactions qu'on s'abstiendrait de porter la lumière, c'est-à-dire là où les lois de la justice la réclament le plus? Tout ce qui est honnête doit pouvoir se dire tout haut. Le commerce doit se soumettre aux exigences de la publicité ; je l'estime trop pour lui faire l'injure de croire qu'il a besoin des ténèbres pour prospérer. Le commerce est une des forces de la civilisation ; il faut donc qu'il se montre à la hauteur du rôle qui lui est dévolu.

Il y a parmi les industriels de toutes les nations des gens éclairés, toujours prêts à seconder les mesures ayant le perfectionnement pour but. En s'appuyant sur eux, on formera un noyau d'hommes ayant la sympathie des consommateurs, au moyen desquels on triomphera bientôt des mauvais vouloirs. La mesure recevra d'abord une application incomplète; mais le cercle de ceux qui s'y soumettront ira s'agrandissant. Le résultat que nous avons obtenu, si limité qu'il soit, est déjà un progrès sur Londres. Le premier obstacle surmonté par de bons exemples, les mauvais vouloirs seront forcés de céder. C'est dans l'effet moral que se trouveront les moyens de solution. Quand la mesure aura été appliquée plusieurs fois, toute dérogation portera sa pénalité; vouloir s'y soustraire, ce sera s'infliger une tache que tous chercheront à éviter. Le contrôle jaillira de la comparaison des prix.

Je propose pour les expositions futures la suppression du jury international des récompenses, ou du moins des modifications profondes dans le rôle que ce corps est appelé à remplir.

Les jurys de récompenses sont le produit d'un double préjugé : en premier lieu, de cette croyance, malheureusement trop répandue chez nous, que les progrès industriels ont besoin d'être provoqués et encouragés par une autorité; en second lieu, de cette fausse idée que le public a besoin, pour être éclairé dans ses achats, d'une autre lumière que celle de son intérêt.

Ce sont les besoins généraux qui provoquent les progrès industriels. Quand un besoin se manifeste, chacun travaille au perfectionnement réclamé. Souvent même ce perfectionnement se produit sur plusieurs points à la fois et laisse la balance de la justice indécise. Il est d'ailleurs un instinct qui sera toujours plus puissant que tous les encouragements et qui est continuellement en jeu, c'est celui qui pousse l'homme à augmenter son bien-être.

C'est également une erreur de croire que le public n'entend rien à ce qu'il est de son intérêt le plus immédiat de connaître, et qu'il convient de lui offrir un guide sans lequel il s'égarerait. Les jugements du jury, sous la forme de médailles et de diplômes, sont une véritable sentence à laquelle le public est invité à se soumettre. C'est bien dans ce sens que les industriels l'entendent ; les récompenses deviennent entre leurs mains un moyen de monopole, une arme dont ils font usage contre leurs concurrents.

Le véritable promoteur des progrès industriels, le meilleur juge, c'est le consommateur.

La clientèle est la récompense de tout progrès accompli. C'est surtout au point de vue industriel que le mot de Voltaire, « Celui qui a plus « d'esprit que chacun, c'est tout le monde, » reçoit une juste et complète application. Aussi remarque-t-on que la plupart des jugements des jurys ne font que sanctionner ce que l'opinion publique a déjà désigné et consacré.

En admettant même que le public ne soit pas aussi compétent que je le crois, que ce soit un mineur qui n'entend pas ses intérêts et qu'il faut diriger, les jurys atteignent-ils le but qui les a fait instituer? Quelle valeur faut-il accorder à leurs décisions!

Je ne discute ici que l'institution prise au point de vue théorique. La franchise dont j'ai fait preuve dans tout le cours de ce rapport écarte toute idée d'allusion, même indirecte, au jury de 1855. J'ai rendu hommage au zèle qu'il a déployé dans sa mission si difficile, si longue, si délicate.

Quand on confie à une réunion d'hommes la tâche de se prononcer sur le mérite des produits que renferme une Exposition universelle, on leur demande une chose qui est au-dessus des forces humaines. Le temps, les moyens d'examen, les termes de comparaison, tout leur manque.

L'organisation des jurys est vicieuse; il est impossible d'en faire fonctionner le mécanisme d'une façon régulière. Sans doute, au point de vue spéculatif, rien de mieux que la division du jury en une foule de classes s'occupant isolément de spécialités distinctes; que la représentation exacte des nationalités dans chaque classe; que l'étude attentive des produits et la proposition des récompenses par ces juges éminemment compétents; que la révision et le vote définitif des récompenses du deuxième ordre par une assemblée plus générale, comprenant les membres de plusieurs classes s'occupant de produits analogues. Dans l'application, ce système est fort loin de réaliser les promesses de la théorie. Jamais il n'est possible de réunir tout le monde à la fois et d'avoir, par conséquent, des assemblées complètes. Tel ne veut examiner que le produit qui l'intéresse; tel autre a des fonctions ou des affaires qui le rappellent. On consent bien à donner à l'Exposition un ou deux mois de son temps, mais on veut choisir l'époque à sa convenance; les études dès lors cessent d'être communes. Quand un grand intérêt n'est pas en jeu, on laisse tout passer sans contrôle; on se fait des concessions réciproques; la révision par groupe demeure illusoire, et l'on arrive à un résultat général sans unité, sans harmonie.

Les aspirants aux récompenses se décomposent de la manière suivante: 1o ceux que le suffrage de tous signale d'une manière incontestable, qui s'imposent par leur mérite; 2o ceux qui laissent place au doute; 3o ceux dont l'insuffisance est visible au premier examen. Pour les premiers, le jugement du jury est inutile;

il ne leur apporte aucun avantage et ne fait que ratifier ce qui est reconnu à l'avance. Il en est de même au point de vue de l'exclusion pour les troisièmes.

C'est donc sur les seconds seuls que s'exerce l'action du jury. Du moment que le doute existe, la comparaison et la discussion deviennent nécessaires. En présence de droits incertains, les rivalités, les intrigues, les influences, le manque de temps, l'absence de renseignements, les affirmations souvent faussées et plus tard démenties qui déterminent un jugement, sont autant de motifs d'erreur auxquels l'esprit le plus clairvoyant, la conscience la plus droite, ne peuvent se soustraire.

Et, dans tout cela, je ne suspecte en rien la bonne foi et la sincérité des jurés. S'ils aboutissent à des résultats erronés, la faute n'en est pas à eux ; elle provient de l'inégalité extrême des moyens d'appréciation. Il est fort rare qu'un produit puisse être jugé sans le concours du fabricant. C'est une des portes par lesquelles s'introduit le hasard, traînant à sa suite l'injustice. Tel fabricant est empressé à suivre le jury, adroit à faire valoir son mérite, habile à exposer ses titres, prompt à capter la bienveillance ; souvent tout ce savoir-faire est en raison inverse de l'habileté manufacturière. Tel autre fabricant, au contraire, est un homme actif, mais modeste, qui passe sa vie dans les ateliers, à bien faire, à inventer, à diriger; il est éloigné de tout esprit d'intrigue; il est complétement inhabile à parler de soi et de ses créations. Tel autre encore est retenu par la distance, par ses occupations; il parle mal ou pas du tout la langue de la majorité des jurés. Le jury, privé de renseignements, n'ayant personne qui l'arrête, passe ainsi à côté d'œuvres remarquables sans y prêter l'attention nécessaire.

Si encore il n'y avait que ces motifs d'erreur! mais il y a, en outre, les influences rivales qui circonviennent le jury pour le tromper. Alors le jury entre en défiance de lui-même et se met en garde contre ses propres jugements. Il hésite à faire un choix, en présence de concurrents du même mérite. Il se laisse aller tout naturellement à récompenser les idées ingénieuses, quoique moins importantes, quand il y a un seul exposant de ce genre, et que cette récompense ne peut exciter les récriminations des concurrents. C'est par là que s'introduit cette coutume d'accorder à certaines catégories d'exposants le monopole des récompenses de premier ordre; ou bien, pour éviter de faire un choix, on est forcé d'inventer ces récompenses collectives qui s'adressent à toute une industrie, à toute une ville.

Ce n'est pas tout. S'est-on demandé quelquefois de combien d'éléments divers doit se composer un arrêt du jury? Il faut tenir compte de la qualité propre, des conditions générales du métier, du pays, du prix, de la situation des ouvriers, bref, d'une multitude de points que de lentes et complètes investigations, faites sur les lieux de production, peuvent seules éclaircir. Plus les progrès sont grands, plus l'appréciation devient difficile.

Je suppose cependant que, par des méthodes excellentes, en employant le temps nécessaire et en échappant à toute influence, le jury arrive à un résultat complet; je dis qu'il serait encore très-contestable, et marqué au coin d'une justice très-relative, et cela parce que dans leurs jugements les jurys manquent d'un *criterium* commun. Comment décider lequel mérite le plus une récompense, d'un procédé de photographie ou d'un bateau de sauvetage? d'un perfectionnement dans une machine à vapeur ou d'un nouveau procédé pour produire l'acier? d'un instrument pour découper les cuirs ou d'une machine à coudre? d'une machine à faire le beurre ou d'un procédé de drainage? Entre tous ces objets, il n'y a pas d'étalon commun; par conséquent, pas de comparaison possible. La tâche est impossible à remplir, non-seulement parce que les éléments d'appréciation manquent, mais parce que la supériorité relative entre des produits si divers n'existe pas. Les classes ne peuvent pas être dirigées par les mêmes règles: de là l'inégalité choquante des appréciations du jury.

Je le répète, le véritable aréopage des récompenses, c'est tout le monde.

S'il en est ainsi, que doit-on faire des jurys? Doit-on les supprimer? Non, je crois qu'il faut les transformer.

Les expositions universelles ont pour objet de mettre en évidence les progrès accomplis. Le vrai rôle des jurys, c'est donc d'étudier les perfectionnements, de les signaler aux producteurs et d'appeler l'attention des industriels et des fabricants sur les branches où l'état de la production laisse à désirer.

Aux jurys des récompenses doivent être substitués des jurys d'études qui, au lieu de rendre des verdicts, feront des observations et émettront des vœux. Les jurés, en un mot, doivent exposer, plaider devant le public, sans prendre des conclusions qui me semblent impossibles.

Ainsi transformé, le jury voit ses opérations devenir faciles et fructueuses. Les jurés décrivent ce qu'ils ont vu, sans être obligés de comparer ce qui n'est pas comparable. Ils peuvent se partager le travail, puisqu'il n'y a plus à décrire que des faits isolés et que c'est au public à les apprécier désormais dans leur ensemble. L'intérêt commercial étant moins en jeu chez les exposants, les jurés sont moins obsédés, moins circonvenus. Les discussions stériles sur le mérite relatif entre les exposants étant écartées, le nombre des jurés peut être réduit et chacun peut travailler isolément dans sa spécialité, en choisissant son temps et son heure. On n'aura plus ces délais interminables entre les travaux d'appréciation et la publication des rapports.

Les exposants retireraient divers avantages

de cette transformation du jury. Ce qui importe avant tout à un industriel, c'est que l'originalité de son procédé ou le mérite de son produit soit reconnu. Or, toutes les fois qu'un progrès sera constaté, il sera, de la part du jury d'études, l'objet d'un compte rendu; la publicité que l'industriel recherche ne lui fera pas défaut.

Disparition de ce charlatanisme trop fréquent auquel donne lieu l'obtention des médailles; intérêt du public et liberté de tous sauvegardés : tels sont les avantages qu'offrent les jurys d'études que je propose de substituer aux jurys des récompenses.

L'Exposition universelle des Beaux-Arts a été une des plus heureuses innovations de 1855. Cette réunion des œuvres des artistes vivants avait pour but de résumer, dans une vaste synthèse, l'état de l'art à notre époque; elle a permis de constater la suprématie de la France contemporaine. S'il est facile de comprendre toute la portée d'une semblable exposition, il est à peine besoin de dire qu'elle n'est utile et possible qu'à de longs intervalles.

Le système des jurys d'études est inapplicable aux beaux-arts, où le principe des récompenses doit, je crois, être maintenu. Le beau, en effet, ne peut être apprécié par tous comme l'utile. Pour se prononcer sur un produit industriel, le public peut être pris pour juge; il n'en est plus de même quand il s'agit d'émettre une opinion sur une œuvre d'art: chez le plus grand nombre le goût fait défaut. Pour bien juger d'une œuvre d'art, il faut avoir en soi l'instinct du beau, savoir beaucoup et s'être formé en voyant les belles productions des maîtres; il faut, en un mot, avoir une éducation esthétique. L'artiste retire de son œuvre moins d'avantages matériels que l'industriel, et ce n'est pas le résultat qu'il doit chercher à atteindre. Les récompenses sont donc des instruments d'émulation qu'il faut maintenir; elles éclairent le public en lui désignant les œuvres dignes d'attirer ses regards et de fixer son admiration. C'est aux hommes d'élite qu'il appartient de diriger le goût, et rien ne me paraît plus déplorable que de voir les arts suivre la mode provenant d'une opinion publique ignorante et souvent pervertie.

Il conviendra de se prémunir dans la répartition des récompenses contre une prodigalité fâcheuse, qui fait entrer le doute dans les esprits et finit par les rendre indifférents aux progrès de l'art. A mon avis, l'examen ne saurait être trop approfondi, les épreuves trop multipliées. Entre l'appréciation et le vote définitif d'une récompense, il faudrait laisser s'écouler un certain intervalle. Peut-être donnerait-on par là aux décisions des jurys un caractère de maturité dont elles ont besoin plus que d'autres.

On m'objectera que si les décisions des jurys de l'industrie sont attaquées, celles des jurys des beaux-arts le sont bien davantage. Je reconnais la vérité de l'observation. Néanmoins, je considère leur maintien comme nécessaire.

Je le repète, il faut dans les arts une direction qui ne peut venir que d'une minorité d'élite. Cette direction doit même être un peu exclusive : les récompenses doivent être décernées non-seulement à l'œuvre en elle-même, mais encore au genre qu'il faut encourager ; sinon, on risque de tomber dans un système d'éclectisme fâcheux, surtout par l'impulsion produite, tout éclectisme aboutissant à l'impuissance. L'Antiquité et la Renaissance, ces deux époques incomparables de l'art, n'étaient pas éclectiques ; elles avaient un idéal reconnu, vers lequel leurs grands hommes aspiraient. C'est seulement en restant dans la ligne qu'elles ont tracée qu'on peut sinon atteindre à leur hauteur, du moins s'en approcher.

Une autre innovation, qui a été considérée comme l'une des plus fécondes de notre concours, c'est la réunion d'objets à bas prix destinés aux emplois usuels. J'ai eu l'honneur, dans la deuxième partie de ce rapport, de mettre sous les yeux de l'Empereur les vicissitudes diverses qu'a traversées cette idée avant sa réalisation. Je vais essayer ici de faire ressortir, en peu de mots, tout le parti qu'il y a à en tirer pour l'avenir.

Une exposition d'objets de bonne qualité à bas prix répond si bien à un besoin du temps, elle est tellement conforme aux idées modernes, qu'à peine éclose elle est devenue un objet d'étude et d'émulation. Le projet de M. Twining, accueilli et réalisé par la France, a fait promptement son chemin. A l'heure qu'il est, il s'exécute en Angleterre et en Belgique.

Ce mouvement d'opinion et ces efforts simultanés doivent infailliblement aboutir à une Exposition permanente d'économie domestique. Cette institution doit avoir sa place dans chaque capitale européenne; voici sur quelles bases.

Une galerie d'Économie domestique ne doit point exposer des produits de fabrique, mais des objets marchands; on n'y doit admettre que les articles que le vendeur s'engagera à livrer moyennant un prix fixe, en gros et en détail, dans un endroit déterminé.

L'indication des prix de vente est ici tout à fait indispensable: c'est la raison d'être de cette exposition spéciale.

Tout vendeur dont les spécimens seraient exposés serait tenu de livrer dans les dépôts des produits identiques. Les contraventions à cette règle entraîneraient l'exclusion avec blâme.

Pour l'installation, il conviendrait de choisir un quartier populeux et central.

La galerie embrasserait deux grandes divisions :

1o Tous les produits dont se compose l'Économie domestique: plans, modèles, matériaux et procédés de constructions; meubles et objets de ménage; vêtements et linge; outils et instruments; denrées alimentaires; objets concernant les besoins de la vie intellectuelle et morale.

2o Un musée ethnographique des articles usuels

de la vie domestique des différents peuples à tous les degrés de l'échelle sociale, avec l'indication des prix de consommation sur place, comme données de fabrication et d'exportation avantageuses.

Le soin de l'admission et de l'examen des articles incomberait à un comité ou jury composé de spécialités.

Il serait rendu compte, dans un bulletin périodique, des nouveautés recommandables. Enfin un catalogue mentionnerait, par ordre de matières, tous les objets figurant à cette exposition ; ce catalogue serait complété par une liste alphabétique des noms des exposants, accompagnés de leur adresse.

Je ne crois pas qu'il soit nécessaire, pour la mise à exécution, d'avoir recours à l'intervention de l'État. Un haut patronage suffirait dans les commencements pour donner quelque consistance à l'entreprise et mieux fixer l'attention sur elle; mais il y aurait avantage à laisser agir ici l'intérêt privé.

Je crois qu'il y a dans cette voie une grande et utile mission à remplir: il s'agit d'entreprendre, d'une manière pratique, l'amélioration du sort de la classe la plus nombreuse. Une telle tâche est bien propre à exciter les grands cœurs.

J'aurais voulu clore ces considérations par un aperçu comparatif des industries suivant leur nationalité, et embrasser ainsi d'un seul coup d'œil les conséquences qu'il est permis de tirer de l'Exposition universelle de 1855. Mais outre que, pour remplir une pareille tâche, je sens mon insuffisance, les rapports du Jury international renferment déjà ces rapprochements instructifs. Je me bornerai à constater deux faits: le premier, c'est que, dans le court espace de temps qui a séparé l'Exposition universelle de Londres de celle de Paris, l'industrie a fait partout des progrès notables; le second, c'est que la France a son domaine propre, le goût, où nul n'a pu encore l'égaler. Nous importons des machines, et nous parvenons presque toujours à les imiter, souvent même à les perfectionner; mais quand l'étranger veut produire ces œuvres auxquelles le goût donne leur plus grande valeur, il est forcé de faire appel au génie français, en prenant nos artistes et nos ouvriers.

En terminant, je tiens à remercier de nouveau l'Empereur de la mission honorable qui m'a été confiée, et qui m'a permis de diriger ce grand concours du travail où la France a obtenu une place si belle entre toutes les nations.

DISCOURS

PRONONCÉ A LA DISTRIBUTION DES RÉCOMPENSES

DE L'EXPOSITION DE LIMOGES

18 JUILLET 1858

DISCOURS

PRONONCÉ A LA DISTRIBUTION DES RÉCOMPENSES

DE L'EXPOSITION DE LIMOGES

13 JUILLET 1858

Messieurs,

La ville de Limoges et le département de la Haute-Vienne, en ouvrant cette Exposition, ont donné au pays un exemple qui, je l'espère, ne sera pas perdu. On a vu des hommes investis seulement de fonctions locales, et à leur tête un préfet agissant, dans cette circonstance, plutôt comme le premier citoyen du département que comme agent du pouvoir central; on a vu, dis-je, les représentants des pouvoirs locaux concevoir la pensée d'une entreprise difficile et coûteuse, la faire accepter par leurs concitoyens, et arriver au succès sans autre appui que l'opinion publique, sans autres ressources financières que celles d'une ville et d'un département. On ne saurait trop applaudir à un tel effort. Notre unité nationale, préparée pendant une longue suite de siècles et établie par la Révolution, n'a rien à redouter désormais de l'exagération de l'individualisme ou de l'esprit local. Le danger n'est pas là; il serait plutôt dans la tendance contraire, si elle se développait à l'excès. Ce que nous devons craindre, en effet, c'est l'absorption des forces individuelles par la puissance collective, c'est la substitution du gouvernement au citoyen pour tous les actes de la vie sociale, c'est l'affaiblissement de toute initiative personnelle sous la tutelle d'une centralisation administrative exagérée. Je voudrais voir les citoyens, cessant de compter sur l'intervention et les faveurs de l'État, mettre un légitime orgueil à se suffire à eux-mêmes, et fonder sur leur propre énergie et sur la force de l'opinion publique le succès de leurs entreprises. J'ose dire que si à notre unité politique, source de notre puissance, objet d'admiration et souvent de crainte pour nos voisins, nous savions joindre cette force qui naît du concours spontané des individus et des associations libres, notre patrie verrait s'accomplir les grandes destinées prévues par les citoyens illustres de 1789.

Le dévouement avec lequel vos agriculteurs et vos industriels se sont rendus à ce concours, l'empressement que mettent les populations à admirer leurs produits, donnent la mesure de l'impulsion féconde imprimée à votre pays. Le mouvement deviendra plus rapide encore à mesure que votre réseau de chemins de fer mettra Limoges en communication plus intime avec les autres régions de la France, et surtout avec les bassins carbonifères de l'Allier et de l'Aveyron.

L'initiative que vous avez prise dans cette voie, Messieurs, a été couronnée par le succès. Les départements limitrophes ont si bien répondu à votre appel que l'opinion publique a justement qualifié votre entreprise en l'appelant l'Exposition de la France centrale. D'antiques souvenirs sont venus même concourir à un rapprochement basé sur les affinités géographiques et industrielles. En voyant affluer à Limoges les représentants du plateau central de la France et des riches bassins qui en dépendent, on s'est souvenu que ces riches contrées furent jadis le berceau de la nationalité celtique, que le vieux sang gaulois s'y est conservé presque pur de tout mélange; que, fidèle à cette origine, le génie de leurs habitants a toujours tenu la balance entre la tradition franque du Nord et la tradition romaine du Midi.

Pays de milieu, et par sa position géographique et par le tempérament de ses populations, et par le caractère mixte du sol formé de plaines et de montagnes, le centre de la France devait, dans l'exposition de ses produits, se montrer sous un aspect multiple.

La culture des céréales et l'élève des bestiaux, ces deux arts que Sully appelait les deux mamelles de la France, sont brillamment représentés, soit par les belles machines agricoles de Clermont et d'Abilly, soit par les magnifiques spécimens des races chevaline et bovine du Limousin.

L'industrie proprement dite offre des résultats aussi variés et aussi remarquables. Les splendides tapis d'Aubusson brillent à côté des armes et de la coutellerie de Tulle, de Thiers et de Châtellerault, des fers du Berri et du Périgord, des aciers de Saint-Seurin et des belles glaces de Montluçon. Ces grandes industries n'ont pas détourné mon attention de ces industries plus modestes, et non moins essentielles, qui ont pour but d'améliorer la position du pauvre. Elles tiennent dans votre Exposition une place honorable, et entrent pour une part importante dans votre commerce d'exportation. Tous ces produits sont groupés avec beaucoup d'art et de goût autour des belles séries d'émaux anciens et de céramiques modernes qui occupent dans l'Exposition la place que tient le maître de maison au milieu de ses hôtes.

En présence de ces créations merveilleuses, qui transforment le sol et modifient les conditions d'existence des populations, je me trouve ramené aux réflexions que m'a souvent suggérées le spectacle de la grande Exposition de 1855, à laquelle j'ai eu l'honneur de présider. Si l'industrie, substituant la machine aux bras de l'homme, lui permet de relever le front que courbait un pénible labeur, c'est pour qu'il puisse porter ses regards et plus loin et plus haut. Que vos enfants, Messieurs, que ces jeunes générations pour l'avenir desquelles nos pères ont prodigué leur sang soient préservés, par une forte et libérale éducation, du poison mortel du matérialisme. Que le bien-être ne soit pour eux que le moyen d'affranchir l'esprit et de lui rendre toute sa liberté. Que l'art, la science, la philosophie ne cessent de planer au-dessus de ce monde industriel, qui, sans leur inspiration, s'asservirait à la matière au lieu de la dominer. Cultivez dans vos artisans le côté de leur profession qui les rapproche des artistes; dans vos industriels, celui qui les rapproche des savants. Que les favorisés de la fortune travaillent, qu'ils ne laissent pas s'affaiblir en eux le besoin des jouissances intellectuelles, le goût des lettres, des arts et de ces hautes spéculations de la pensée sans lesquelles s'éteint bientôt, au sein des sociétés, la vie politique, religieuse et morale. A ces conditions seulement, nous assurerons la durée des grandes créations de notre siècle. Si les jouissances matérielles devenaient le mobile unique de notre société, elle ne tarderait pas à s'enfoncer dans les ténèbres où ont disparu les peuples qui ont méconnu le côté moral de la civilisation. Les annales de votre ville vous offrent, Messieurs, un exemple frappant de ces vérités. L'industrie des émaux, si fameuse à Limoges pendant le moyen âge, et qui, à la Renaissance, jeta un si vif éclat, cette industrie, dis-je, reposait à la fois sur le secret d'un procédé pratique et sur une tradition artistique inspirée par une foi profonde.

C'est à cette tradition mystérieusement conservée à Limoges que vous avez dû ces merveilleuses peintures de Léonard Limousin et de ses disciples, qui semblent être des pages détachées des cartons de Raphaël et de Michel-Ange transportées sur le cuivre et l'émail. Eh bien! à partir de la Renaissance, le sentiment qui animait ces grands artistes s'affaiblit et s'altéra peu à peu, quoique les procédés matériels employés par leurs successeurs fussent restés les mêmes. Bientôt le secret industriel disparut à son tour vers la fin du dernier siècle, non qu'il fût d'une application ou d'une transmission difficile, mais parce qu'à la mort du dernier émailleur il ne se trouva personne qui daignât hériter d'une industrie que l'art, en l'abandonnant, avait frappée d'impuissance et condamnée à l'oubli. Ainsi l'homme perd ses conquêtes quand il cesse de de les dominer du haut de ces régions sereines où se conservent les types du bien, du beau et du vrai.

Au moment où je vais vous distribuer les récompenses que vous avez méritées, et en vous remerciant de l'accueil que j'ai reçu de vous, je ne puis oublier, Messieurs, que c'est la première fois que j'ai l'honneur de parler à mes concitoyens depuis que l'Empereur m'a confié l'administration de l'Algérie et de nos colonies. L'Empereur, qui sait ce que pèse le fardeau de la responsabilité politique, a daigné, avec une bonté toute paternelle, me choisir une mission en dehors des luttes des partis. Il m'a chargé de compléter l'œuvre commencée par notre glorieuse armée sur une terre qu'elle a rendue française en la fécondant de son sang : entreprise exclusivement nationale qui admet et appelle le concours de tous ceux qui reconnaissent l'œuvre du suffrage universel.

Ainsi, il me sera permis de demander aux hommes, non d'où ils viennent, mais où ils vont, de regarder l'avenir et non le passé. Dégagé de toute autre préoccupation, je pourrai me dévouer sans réserve à l'accomplissement des desseins de l'Empereur sur l'Algérie, donner au travail la liberté et la sécurité, garantir tous les intérêts, sous la protection et non sous la tutelle des pouvoirs publics, par le respect absolu du droit. Heureux si, après nos révolutions et nos luttes civiles, je puis concourir à cette œuvre de pacification générale qui doit réunir dans un sentiment commun de dévouement à notre patrie les cœurs de tous ses enfants !

RAPPORT

A L'EMPEREUR

SUR LA QUESTION DES HARAS

FAIT AU NOM DE LA

MINORITÉ DE LA COMMISSION PRÉSIDÉE PAR LE PRINCE NAPOLÉON

NOVEMBRE 1860

RAPPORT

A L'EMPEREUR

SUR LA QUESTION DES HARAS

FAIT AU NOM DE LA

MINORITÉ DE LA COMMISSION PRÉSIDÉE PAR LE PRINCE NAPOLÉON

NOVEMBRE 1860

La question des haras, comme on l'appelle, serait l'objet d'une controverse moins longue et moins vive si, au lieu de l'examiner au point de vue de certains intérêts et de chercher à la résoudre par des expédients ruineux, on se bornait à appliquer les principes économiques les plus simples. L'industrie chevaline n'échappe pas aux lois qui régissent les autres industries. Pour être assurés et permanents, ses succès et sa prospérité doivent reposer sur les bases d'une liberté et d'une indépendance complètes.

A la faveur de cette liberté, l'Arabie, l'Angleterre, l'Amérique produisent les meilleurs chevaux connus, et la France elle-même voit se développer la plupart des branches de sa production animale.

Peu ou pas encouragées par l'État, nos races de trait sont cependant les plus florissantes de toutes; avec leurs seules ressources, elles trouvent moyen de satisfaire aux besoins de la consommation, si exigeants qu'ils soient, et l'année dernière, l'artillerie a acheté avec la plus grande facilité tous les chevaux nécessaires pour la mise sur pied de guerre.

C'est surtout dans l'intérêt des remontes de la cavalerie que l'État intervient directement dans la production chevaline; c'est pour assurer et améliorer ses remontes qu'il achète au commerce, entretient dans des dépôts et met à la disposition du public, moyennant un prix de saillie modique, un certain nombre d'étalons. Introduite à une époque où la richesse mobilière était très-restreinte, l'industrie dans l'enfance, cette organisation ne saurait constituer un état de choses normal. Elle est d'ailleurs bien loin d'avoir l'efficacité qu'on lui attribue souvent.

En effet, le cheval propre à la cavalerie ne peut pas être produit spécialement pour la guerre. Il rentre dans la classe des chevaux de luxe et de commerce, et il n'y a qu'une consommation plus large de cette espèce de chevaux qui puisse assurer d'une manière plus certaine le service des remontes. Si cette consommation n'existe pas, on ne gagnera rien à stimuler artificiellement la production en offrant aux éleveurs la saillie des étalons de l'État, même au prix le plus modique.

Pour l'éleveur qui a la jument propre à faire naître un bon cheval de service, les moyens de l'élever et la perspective de le vendre avec bénéfice, la perte que l'État consent à subir sur la saillie de ses étalons est une prime superflue. Si, au contraire, les conditions d'une bonne production n'existent pas, la saillie à bon marché ne sera que le premier acte de la création d'un mauvais cheval.

L'éleveur devient exigeant, parce qu'il attend tout de l'étalon de l'État, insouciant et parcimonieux, parce qu'il ne sent pas la nécessité de consacrer ses soins et son argent à la mise en œuvre d'une matière première qu'on lui a offerte au rabais. Laissez-le payer la saillie ce qu'elle vaut, il saura faire de nouvelles avances pour ne pas perdre celles que son intérêt bien entendu lui aura d'abord conseillé de faire, et ne reprochera plus à l'administration les tristes résultats de sa propre incurie.

Ce sont en général les mêmes personnes qui, par une singulière contradiction, demandent l'augmentation du nombre des étalons de l'État, tout en se plaignant de leur qualité, et en ne s'entendant pas entre elles sur l'espèce de reproducteurs à employer. Chargés de la responsabilité de l'amélioration, les haras doivent satisfaire tout le monde : les producteurs d'étalons qui n'en vendent jamais assez, ni assez cher, et les détenteurs de juments mécontents de la qualité des reproducteurs qu'on leur fournit. Les demandes abondent et les plaintes aussi; chacun invoque le droit à l'étalon et tous les droits qui en dérivent, et s'en remet à l'État du soin de discerner et de faire ce qui convient à ses goûts et à ses intérêts. Il n'y a pas de budget assez large, d'administration assez habile pour suffire à une pareille tâche. La liberté de l'industrie a seule le privilége de satisfaire tous les besoins.

Les haras ne sauraient avoir d'autre but que celui de préparer le pays à cette liberté. Ils trouveraient les moyens d'y parvenir dans les dispositions mêmes du décret constitutif de 1806.

Préoccupé de grands besoin militaires, auxquels l'industrie de l'époque ne pouvait donner satisfaction complète et immédiate, Napoléon Ier ordonna la formation d'un certain nombre de dépôts d'étalons entretenus par l'État ; mais, en même temps, il chargeait l'administration d'encourager par des primes annuelles les meilleurs étalons appartenant à des particuliers et entretenus par eux, et ne fixait pas de limites au crédit spécialement applicable à ces encouragements. C'était à la fois prévoir et assurer l'émancipation de l'industrie. Sincèrement protégée, efficacement encouragée, elle se fût mise peu à peu à la hauteur de son rôle, et, grâce à ses progrès, l'intervention directe de l'État dans la production eût pu s'amoindrir par degrés et finir par disparaître tout à fait.

Mais l'arme avec laquelle l'administration devait se détruire elle-même n'est pas sortie du fourreau ; jamais l'intervention indirecte n'a reçu les développements qu'elle comporte, et on ne compte encore aujourd'hui que 600 étalons approuvés chez les particuliers, tandis qu'il y en avait 2,124 en 1789.

Par contre, l'effectif des étalons de l'État est aussi considérable qu'à aucune autre époque; il a augmenté de 55 chevaux depuis l'année dernière, et l'administration semble ne voir le progrès que dans de nouvelles augmentations qu'elle réclame avec instance.

C'est là une grave erreur; pour servir utilement le pays il faut suivre une marche toute contraire, parfaitement tracée dans un livre publié en 1848 par l'inspecteur général qui dirigeait alors l'administration.

« Les haras doivent favoriser partout le développement de l'industrie et s'efforcer de creuser chaque jour leur tombeau. On l'a dit avec raison : la mort des haras sera leur triomphe; ils n'auront atteint leur but que lorsque, mettant un terme aux sacrifices de l'État, ils seront parvenus à se rendre inutiles......; leur vie ne doit pas être éternelle, il faut la leur souhaiter courte et bonne, et nous travaillerons de toutes nos forces à rendre leur fin aussi prochaine que possible. » (*La France chevaline*, page 339.)

Intervention directe. — L'État intervient directement dans la production en entretenant, dans vingt-six dépôts environ, 1,300 étalons. Pour se rendre compte de la dépense réelle qu'ils occasionnent, il faut recourir à plusieurs budgets différents.

Quelques-uns des bâtiments appartiennent aux départements ou aux communes qui les entretiennent sur leurs ressources propres. Les autres sont à l'État et ressortissent du service des bâtiments civils.

Les frais du personnel, ceux d'entretien et de renouvellement des chevaux, sont imputés sur les fonds du ministère de l'agriculture et du commerce.

Enfin il faut tenir compte, d'une part, du

loyer des immeubles occupés par l'administration, et dont la valeur vénale paraît supérieure à 8 millions de francs: d'autre part, des intérêts de la valeur des étalons, qui estimés à la moitié seulement de leur prix d'achat représentent un capital réalisable de 2,300,000 fr.

Nous avons laissé de côté les dépenses de l'administration centrale, dont l'existence n'est pas subordonnée à celle des dépôts d'étalons. Nous avons également dû omettre les frais d'installation du dépôt des remontes au bois de Boulogne. Cette construction, qui ne coûtera pas, y compris le terrain, moins de 400,000 fr. pour loger quatre ou cinq étalons, s'élève, sans déboursés apparents, au moyen des ressources provenant de la revente d'une partie du terrain cédé à l'administration des haras par la ville de Paris.

En relevant la dépense faite pendant les dix dernières années pour les étalons de l'État, on trouve qu'elle a été en moyenne :

Service des haras et dépôts	1,742,466
Renouvellement des étalons	553,686
Service des bâtiments civils	42,000
Fonds départementaux	86,850
Fonds communaux	46,910
Intérêts de 8,000,000 de francs d'immeubles	400,000
Intérêts d'une valeur de 2,300,000 francs en étalons.	115,000
Total.	2,986,912

Cette moyenne des dix dernières années est un peu inférieure à la dépense actuelle, qui a été pour 1859 de 3,058,948 fr., et qui sera pour 1860 de 3,034,000 fr.

Cette somme deviendra bientôt elle-même insuffisante, par suite du mauvais état des bâtiments qui nécessitera des travaux coûteux.

Le produit de la monte et les autres produits accessoires versés au Trésor, s'élevant à environ 600,000 fr., réduisent la dépense nette des établissements de l'administration à 2,400,000 francs.

L'effectif des étalons étant de 1,300, l'entretien de chacun d'eux coûte un peu plus de 1,800 francs par an.

D'un autre côté, le nombre des juments qui leur ont été livrées en 1859 ayant été de 62,000, on voit que le sacrifice que l'État s'impose pour la saillie de chacune d'elles est de 39 francs, auxquels il faut ajouter les 8 francs payés en moyenne par l'éleveur pour avoir le prix de revient de la saillie, qui est de 47 francs.

Nous ne croyons pas que dans aucun des pays où l'industrie étalonnière s'exerce librement elle exige un prix moyen aussi élevé, et il nous paraît certain qu'en France elle se contenterait d'une rémunération beaucoup moindre.

Aussi, en substituant à sa propre action celle de l'industrie, même largement subventionnée, l'État pourrait rendre beaucoup moins lourdes les charges imposées à la masse des contribuables en faveur de ceux d'entre eux qui entretiennent des poulinières, sans mettre pour cela ces derniers dans la nécessité de payer la saillie un prix au-dessus de leurs forces.

Néanmoins, il y a eu, dans ces derniers temps, un grand nombre de pétitions et de vœux en faveur de l'augmentation des établissements de l'État. On devait s'y attendre. Lorsqu'une administration comme celle des haras croit son existence menacée ou veut augmenter son importance, elle n'a pas de peine à obtenir de l'industrie, sur laquelle elle exerce un vaste patronage, des manifestations conformes à ses désirs. En annonçant l'intention d'accroître son effectif et ses remontes, de porter de 500,000 fr. à 750,000 fr. les achats de reproducteurs qu'elle fait chaque année dans certains départements, elle s'assure un appui considérable dans le Corps législatif et les conseils généraux; elle s'attire des offres de concours en échange des avantages qu'elle laisse espérer, et l'on n'entend que des voix favorables à ses projets.

Mais l'examen des faits démontre l'inutilité des augmentations qu'on propose.

Nous tenons pour certain qu'une inspection sérieuse trouverait dans les dépôts un assez grand nombre d'étalons médiocres, et quelques-uns tout à fait mauvais. Avant de songer à augmenter l'effectif, il faudrait d'abord pouvoir l'entretenir au degré de perfection désirable.

D'un autre côté, les services que le public demande aux étalons de l'État sont loin d'excéder leurs forces. La moyenne des saillies par cheval, après avoir atteint le chiffre de 59, et avoir été, en moyenne, de 52 depuis dix ans, est descendue l'année dernière à 49. Il n'y a aucune raison d'augmenter à grands frais une force dont une partie reste sans emploi.

Enfin, notre production chevaline a fait, depuis quinze ans, d'incontestables progrès. Les états de douane constatent que l'excédant de nos importations sur nos exportations, après avoir été, en moyenne, de 16,500 chevaux, de 1844 à

1850, s'est abaissé à 13,800 de 1851 à 1857. Nos races de trait fournissent en abondance à tous les besoins; et la cavalerie, très-facilement remontée sur le pied de paix, a pu pour la première fois, en quelques mois de l'année dernière, trouver 19,000 chevaux pour passer au pied de guerre, et elle aurait pu en trouver davantage.

Tous ces progrès, qui eussent été plus grands et plus rapides sous l'influence d'une plus grande liberté de l'industrie, se sont accomplis sans augmentation du nombre des étalons de l'État. Les faits confirment les principes et prouvent que cette augmentation n'est pas la condition du développement de la production. Elle serait non-seulement inutile, mais dangereuse, et n'aurait d'autre résultat que d'engager plus avant l'administration dans une voie mauvaise et de la pousser, au prix de sacrifices sans cesse croissants, vers un but impossible à atteindre.

L'État, en effet, ne peut pas tout faire. Ses

1,300 chevaux ne forment guère que le dixième des étalons nécessaires pour le service de la monte dans toute la France. La grande masse de notre population chevaline reste donc en dehors de l'action directe de l'administration, et c'est l'industrie privée qui pourvoit à son renouvellement.

Or cette industrie ne peut vivre, prospérer et améliorer ses moyens de production que si elle obtient pour les services qu'elle rend des prix rémunérateurs. En rencontrant sur le marché un concurrent comme l'État, qui fournit à perte aux besoins de la meilleure clientèle, elle trouve un obstacle sérieux et d'autant plus nuisible que la concurrence sera plus étendue. Chaque augmentation de l'action directe de l'État ne peut manquer d'aggraver la situation de la masse des éleveurs, elle ne leur laisse d'autre ressource qu'une industrie devenue impuissante, et donne lieu à des plaintes et à des réclamations auxquelles on ne peut satisfaire que par des augmentations nouvelles.

Pour ne pas être conduit à tout faire, à assumer tout entière la responsabilité de la production, l'État, loin d'augmenter l'action de son intervention directe, doit la restreindre et tendre à la supprimer.

Dans certains départements où les juments sont nombreuses, les prix de saillie rémunérateurs, les primes d'approbation largement accordées, on voit prospérer un certain nombre d'étalons particuliers, même dans le voisinage des établissements de l'État. On peut juger par là du développement que prendrait l'industrie si elle trouvait le terrain libre.

Pour nier la possibilité de ce résultat, on exagère volontiers la rareté et la valeur des étalons nécessaires pour l'atteindre. Il semble que, pour obtenir de bons chevaux de service, il faille des reproducteurs hors ligne, des types, comme on les appelle, dont la saillie aurait une valeur industrielle hors de toute proportion avec celle du produit à en attendre.

Cette prétendue contradiction économique, souvent invoquée en faveur de l'intervention directe de l'État, est purement imaginaire. Les étalons d'un prix élevé ne sont pas la règle, mais l'exception.

Ils ne sont indispensables que pour féconder un nombre restreint de juments ayant elles-mêmes une grande valeur, et maintenir la race pure dans toute sa perfection. On ne gagnerait rien à les détourner de cette destination spéciale pour les appliquer directement à la production du cheval de service. Livrés aux poulinières de nos races usuelles, ils ne donnent pas de meilleurs résultats que les étalons beaucoup moins rares et moins chers qui suffisent pour le croisement.

Il est du reste facile de mesurer par des chiffres l'étendue des besoins à satisfaire.

En relevant les prix d'achat des étalons de l'État, on trouve les résultats suivants :

Étalons.	Nombre.	Valeur moyenne.
Au-dessus de 40,000 fr. . .	1	113,764 fr.
De 30 à 40,000 fr.	4	35,000
De 20 à 30,000 fr.	3	24,175
De 10 à 20,000 fr.	21	13,463
Au-dessous de 10,000 fr. . .	1,117	3,335
Élevés ou reçus en dons par les haras	125	
Dont les prix n'ont pas été indiqués	40	
Total	1,311	

Les reproducteurs d'un prix très-élevé constituent donc, dans les dépôts de l'administration, une exception assez rare. Leur nombre est cependant plus que suffisant. Plusieurs d'entre eux, faute de trouver un emploi normal, sont livrés sans aucun avantage à des juments communes. L'industrie privée, qui possède déjà quelques étalons valant de 30 à 100,000 fr., et qui paye 15 et 20,000 fr. des juments poulinières, ne resterait donc pas pour ce besoin spécial et restreint au-dessous de la tâche qu'elle aurait à remplir.

Quant à l'immense majorité des étalons qui peuplent les dépôts de l'État, le prix de 3,335 fr. qu'ils coûtent en moyenne n'est point un capital au-dessus des forces de la richesse mobilière du pays. L'industrie mulassière entretient sans aucune subvention des reproducteurs d'une valeur analogue. Encouragée par des primes, l'industrie chevaline se procurerait plus facilement encore ceux donc elle a besoin. Elle saurait, aussi bien et mieux que l'administration, les trouver là où on les élève et les payer le prix qu'ils valent. La liberté et la publicité des transactions, le jeu naturel de la concurrence sur un grand marché offrent, à cet égard, plus de garanties que les choix administratifs les plus consciencieux. Enfin, la solidarité qui unit les diverses branches d'une même industrie écarte la crainte chimérique de voir l'industrie étalonnière n'user de la liberté que pour substituer un monopole à un autre, et ruiner par la mauvaise qualité de ses reproducteurs ou le prix exagéré de leurs services les détenteurs de juments sans lesquels elle ne peut vivre.

Chargé de pourvoir lui-même à ses besoins, le pays saura les discerner et les satisfaire, et trouvera sans peine dans ses goûts et ses interêts la solution de toutes ces questions de prédominance de races que la lutte des intérêts et des influences ne parviendrait jamais à résoudre.

En résumé, la suppression de l'intervention directe de l'État dans la production nous semble une condition du progrès véritable, et nous croyons qu'il conviendrait de la décider en principe et de préparer résolûment l'avénement d'un ordre de choses plus conforme aux idées de notre époque et moins onéreux pour le budget.

Jumenteries. — Si l'État ne doit pas entretenir d'étalons, il doit encore bien moins en élever luï-même. Telle est cependant aujourd'hui la destination du haras de Pompadour, telle a été jusqu'en 1852 celle du haras du Pin.

En introduisant en France, en 1821, un peu après MM. le duc d'Escars et le duc de Guiche, les premières juments de race pure, l'administration donnait l'exemple et propageait le goût de la production du cheval de course. Quoique le prix de revient de chaque étalon de pur sang ainsi élevé par elle dépassât 15,000 francs, il était utile qu'elle fît ce sacrifice jusqu'à l'époque où une industrie, qui n'existait pas alors, serait en mesure de faire aussi bien et à meilleur marché.

En 1852, le but était atteint. Les particuliers faisaient naître chaque année plus de 200 produits de race pure et fournissaient, moyennant un prix moyen de 5,000 fr., les étalons de cette espèce. La suppression du haras du Pin était indiquée, l'Empereur la décida.

Délivrée de toute crainte de concurrence de

la part de l'État, l'industrie redoubla d'efforts et fut bientôt en mesure de répondre aux besoins du pays. Elle possède aujourd'hui plus de 800 poulinières de race pure ayant donné l'année dernière plus de 500 produits. C'est en supprimant les haras de l'État, et non pas en les rétablissant, qu'on obtient au profit du pays de pareils résultats. 20 ou 30 juments entretenues au haras du Pin ne sauraient rien faire dont les 800 juments de l'industrie privée ne soient capables. Elles pourraient encore moins produire mieux à elles seules que les 2,000 poulinières de l'industrie anglaise, et dispenser le pays de tout achat à l'étranger. Le secret de faire naître à coup sûr des animaux parfaits n'est pas encore trouvé; et si l'administration le possédait, elle ferait mieux de le livrer au public que de l'appliquer elle-même. Malheureusement, c'est poursuivre une chimère que de prétendre créer une sorte de famille accomplie, exempte de tares et de défauts, réunissant toutes les qualités, évitant toutes les imperfections et pouvant, grâce à cet heureux privilége, présenter autant de types hors ligne qu'elle compterait de sujets.

Les 12 juments du haras du Pin semblaient en 1852 réaliser ce beau rêve. Vendues à des prix élevés à cause du prestige dont elles jouissaient, restées en France à l'exception d'une seule, et livrées par leurs nouveaux propriétaires aux meilleurs étalons de l'administration, elles ont depuis cette époque produit 9 poulains mâles ayant aujourd'hui plus de 4 ans. Parmi ces poulains, 2 ou 3 ont été des chevaux de course médiocres, mais l'administration n'en a pas trouvé un seul digne d'être acheté comme étalon.

Sur 3 poulains nés au Pin, 2 devenaient habituellement des reproducteurs. Si le haras eût continué d'exister, fût-il resté huit ans sans en fournir un seul? ou bien eût-on fait des étalons de produits médiocres, et conservé ainsi à leurs mères leur prestige trompeur d'infaillibilité?

Les raisons qui justifient si complétement la

suppression du haras du Pin s'appliquent aussi à Pompadour. Il n'y a aucun intérêt à y poursuivre la création d'une race dite *anglo-arabe*. La race arabe native, ou améliorée en Angleterre, fournit des reproducteurs si éprouvés, que l'idée d'en créer de meilleurs paraît chimérique; d'ailleurs l'intervention de l'État n'est pas nécessaire; le sang arabe et le sang anglais sont assez répandus dans le midi de la France pour que l'industrie privée puisse les mélanger si elle le croit utile.

Sous le rapport du sol, du climat et de l'alimentation, il n'y a pas d'établissement placé dans des conditions plus défavorables que Pompadour; l'entretien des chevaux y coûte beaucoup plus cher que dans la plupart des autres localités. Le nombre des reproducteurs qu'il fournit à grands frais n'a pas par lui-même d'importance, et on peut les trouver en France ou en Orient aussi bons, sinon meilleurs, et dans tous les cas à beaucoup meilleur marché.

Il serait donc d'une bonne administration de supprimer le haras de Pompadour et de réaliser ainsi une économie d'environ 100,000 francs.

Intervention indirecte. École des haras. — L'art de l'éleveur n'est pas une science théorique. Les nations qui produisent les meilleurs chevaux n'ont pas d'écoles publiques où l'on professe l'art de les faire naître et de les élever. Le pays n'a pas besoin d'école des haras, et l'administration ne peut en avoir une pour le recrutement d'un personnel qui ne comprend que soixante emplois, pour lesquels une vacance à peine se produit chaque année. L'Empereur a supprimé en 1852 l'école qui existait au Pin, et l'administration ne s'est ni moins bien ni moins facilement recrutée depuis cette époque.

Courses. — Les animaux de race pure sont la base de toute amélioration; mais ils n'ont pas, en général, comme chevaux de service, une valeur commerciale en rapport avec leurs prix de revient. Les courses satisfont à un double besoin. Elles donnent aux chevaux de race pure la valeur nécessaire pour que l'industrie puisse les élever, et fournissent en même temps le seul moyen de juger de leur mérite et de reconnaître les sujets propres à perpétuer l'espèce.

Beaucoup d'animaux qui seraient restés nets et exempts de tares dans l'oisiveté des haras perdent ce mérite souvent trompeur pendant la préparation qui précède les courses; et, parmi ceux qui échappent à cette première élimination, beaucoup ne montrent pas, le jour de la lutte, les qualités dont ils semblaient doués.

Pour parcourir ne fût-ce que 2,000 mètres à son allure la plus rapide, il faut à un cheval une organisation privilégiée. Par le fait même de sa victoire, il se révèle comme meilleur que ses rivaux pour créer des chevaux de course; « mais il y a plus, son excessive vitesse annonce d'autres qualités que la vitesse, qualités éminemment utiles pour tous les services et qu'il doit transmettre, au moins en partie, à ses descendants, quels qu'ils soient [1]. »

L'introduction de la race pure et les courses datent en Angleterre de la même époque. Leur histoire est la même. Il n'y a pas, chez nos voisins, de reproducteur de pur sang qui ne soit par lui-même, ou par ses ascendants très-proches, un cheval de course. Cela est si vrai que les deux expressions s'emploient indifféremment l'une pour l'autre; et c'est par la qualification de chevaux de course que le Stud Book anglais désigne, à sa première page, les chevaux dont il contient les généalogies et auxquels l'Angleterre doit sa richesse chevaline.

Les courses ont pris, dans ces derniers temps, une grande extension. L'État leur alloue 300,000 fr.; c'est l'encouragement le plus efficace et le moins onéreux pour le Trésor. S. M.

[1] Baron de Curnieu, *Leçons de science hippique*, t. II, p. 186.

l'Empereur, les administrations locales, les sociétés particulières, dont les libéralités dépassent déjà beaucoup celles de l'État, pourvoiront probablement, sans nouveaux sacrifices de sa part, au développement d'une institution dont le goût semble se répandre de plus en plus.

L'organisation de nos courses se rapproche de celle qui était en vigueur en Angleterre il y a plus de cinquante ans. Elle évite les abus qui peuvent s'être introduits récemment dans ce pays et donne les meilleurs résultats. Les améliorations qu'on pourrait y apporter n'ont qu'une importance secondaire.

Les épreuves au trot pour les races usuelles sont, chez nos voisins, une exception assez rare; il n'y a, en effet, entre ces épreuves et les courses aucune corrélation nécessaire; l'existence des unes n'implique point celle des autres.

Le trotteur de demi-sang est un cheval de commerce, propre à plusieurs genres de services, et dont la production n'est pas subordonnée à la création d'un débouché spécial.

D'un autre côté, il n'y a aucune raison de conclure qu'un cheval soit meilleur qu'un autre parce qu'il trotte mieux. Pour éprouver réellement les chevaux, il faut les laisser déployer le maximum de leur puissance, et pousser jusqu'à leurs dernières limites les efforts dont ils sont capables. Si au contraire on les soumet à une condition de nature à les empêcher d'user de tous leurs moyens, si on leur impose une allure exclusive de l'emploi de toute leur énergie et de toute leur force, l'épreuve cesse d'être vraie et décisive. Elle ne prouve ni la supériorité de l'individu, ni sa capacité comme reproducteur.

Primes de dressage. — Au lieu de détourner sans nécessité nos chevaux de service de leur destination naturelle, il nous semble plus logique de se borner à encourager le perfectionnement de leur éducation et à pousser les éleveurs à donner à leurs produits les soins, le dressage et la préparation à la vente qui leur font trop souvent défaut. En continuant à primer dans de grands concours publics les meilleurs animaux présentés en état d'entrer en service, on doit réussir à appeler le consommateur là où il peut trouver les chevaux dont il a besoin, et à établir ainsi la production sur la seule base normale, celle qui donne la vie et la durée.

Primes aux étalons approuvés. — Nous avons dit quelle part le décret de 1806 avait faite au principe fécond de l'intervention indirecte et comment on l'oublia dans la pratique. Tout en reconnaissant l'impossibilité de se passer de l'industrie privée, l'administration n'a jamais employé à l'encourager une somme proportionnée aux services qu'on devait attendre d'elle. Jusqu'en 1849, le crédit alloué aux étalons approuvés était de 100,000 fr., et servait à donner 400 primes de 250 fr. en moyenne. En 1850, l'allocation fut portée à 200,000 fr., et l'augmentation du nombre de chevaux présentés pour la prime amena bientôt une nouvelle insuffisance du crédit. En 1855, 775 étalons ont porté la dépense réelle à 240,000 fr. En 1856, elle a été de 265,000 fr. pour 753 étalons. Enfin en 1857, sur 940 étalons admissibles à la prime, 600 seulement ont pu la recevoir, faute de fonds.

Il est donc facile d'avoir plus d'étalons approuvés et on peut aussi les avoir meilleurs; mais c'est à la condition de donner l'importance nécessaire à des encouragements dont l'insuffisance ne ferait que perpétuer l'inefficacité.

Le minimum de la prime accordée aux étalons approuvés descend aujourd'hui jusqu'à 100 fr., et sa valeur moyenne ne dépasse pas 350 fr., tandis que l'entretien de chaque étalon de l'administration coûte environ 1,800 fr. Sans doute l'industrie privée doit faire à meilleur marché que l'État, mais il ne faut pas lui demander l'impossible, et, tout en lui faisant concurrence, vouloir qu'elle entretienne, pour 200,000 fr. par an, 600 étalons aussi bons ou meilleurs que ceux qui, à nombre égal, coûtent 1,100,000 fr. à l'administration.

Il nous paraît donc indispensable que le tarif en vigueur pour les primes soit revisé en vue de les augmenter toutes et de n'en donner aucune inférieure à 400 fr.

L'allocation aux étalons approuvés nous semble devoir être portée, par prévision, de 200,000 à 600,000 fr. Avec cette dernière somme, on pourrait primer convenablement environ mille étalons. Mais le crédit ne serait pas limitatif, et on y ajouterait au besoin la somme nécessaire pour n'exclure du bénéfice de la prime aucun étalon qui en aurait été jugé digne.

Réglementation de l'industrie. — L'idée de réglementer l'industrie ne nous paraît pas plus féconde que celle de confier à l'État la responsabilité de la production. Les impôts ayant pour but d'obtenir la castration précoce, de proscrire l'usage des chevaux entiers, seraient autant d'entraves à la production. Les étalons rouleurs répondent à un besoin; au lieu de chercher en vain à les combattre, il est préférable d'arriver par des encouragements à les rendre meilleurs. Nous ne pouvons attacher aucune importance au maintien du droit actuel de 25 fr. à l'importation des chevaux, et il serait évidemment fâcheux d'en établir un à l'exportation.

Question militaire. — L'armée achète chaque année pour ses remontes 8 à 9,000 chevaux. C'est une consommation considérable, mais dont l'importance relative varie avec l'espèce des chevaux qu'elle emploie. Nos races de trait sont assez bonnes et assez nombreuses pour satisfaire sans efforts à tous les besoins de l'artillerie. Pour elles, les remontes ne sont qu'un dédébouché accessoire et n'exercent sur la production qu'une influence secondaire.

Il n'en est pas de même pour les chevaux de cavalerie, surtout pour ceux de ligne ou de réserve qui rentrent dans la classe des chevaux de luxe à deux fins et se produisent en général dans les pays les plus avancés. Grâce à des achats réguliers et permanents, à des prix rémunérateurs, l'armée s'y procure facilement les animaux nécessaires à la remonte ordinaire; mais on ne produit guère que pour elle, et elle est le principal, presque le seul consommateur.

Quand il s'agit de pourvoir rapidement à de grands besoins extraordinaires, l'inconvénient de cet état de choses se manifeste. Après avoir acheté tous les chevaux destinés à son service habituel, la guerre ne trouve plus dans le petit nombre d'animaux élevés en vue de la consommation générale du pays qu'une ressource restreinte et incertaine. L'absence du commerce de chevaux de luxe, ou plutôt la préférence qu'il accorde habituellement au cheval étranger, constitue donc au point de vue militaire un grave inconvénient, et la remonte n'a pas d'intérêt plus pressant que de ne pas nuire, par l'action qu'elle exerce sur la production, à une industrie dont le développement est la condition de sa propre sécurité.

Aujourd'hui, les officiers de remonte explorent les pays d'élevage, étudient leurs ressources, visitent les écuries et les herbages, et traitent directement avec les éleveurs, à l'exclusion des marchands patentés.

Achetés le plus souvent, dans leur quatrième année et de préférence lorsqu'ils sont entièrement neufs et non dressés, les chevaux vont attendre dans les dépôts de remonte l'âge d'entrer en service. Cette organisation appliquée sur une vaste échelle éloigne le commerce. Le marchand ne trouve pas chez l'éleveur les chevaux dressés et prêts à servir, dont il aurait besoin; il ne peut pas choisir les meilleurs, déjà achetés ou retenus par la remonte, qui ne les laisserait pas échapper sans mécontentement; il n'a pas la ressource de les acheter tous, sa qualité de marchand étant une cause d'exclusion et ne lui permettant pas de revendre à l'armée ceux qui conviendraient spécialement à ce service.

Le commerce, intermédiaire obligé de la consommation, se retire devant tant d'obstacles et laisse la remonte en possession d'une sorte de monopole nuisible à tous les intérêts.

Réduit à travailler presque exclusivement pour l'armée, l'éleveur n'a devant lui qu'un débouché trop restreint et des prix de vente trop modérés pour trouver aucun intérêt à dépasser le niveau d'une production médiocre. Il doit renoncer à ce développement lucratif, à ces progrès féconds, que l'industrie réalise sous l'influence d'une large consommation, et par l'entremise d'un commerce libre. Le pays, les éleveurs, l'armée elle-même souffrent de l'absence de cet instrument de la richesse publique, que la tutelle de l'administration éloigne, sans le remplacer.

Quelques changements au mode de procéder de la remonte suffiraient pour éviter les inconvénients qu'il présente aujourd'hui.

On ne saurait élever brusquement à cinq ans le minimum d'âge pour les remontes de l'armée, sans occasionner dans les achats un temps d'arrêt et dans les écuries des éleveurs un encombrement qui pourrait réagir d'une manière fâcheuse sur la production. Il conviendrait donc de continuer à admettre les chevaux de quatre ans, pendant un certain temps, mais d'intéresser leurs propriétaires à ne les présenter que plus âgés, en payant beaucoup plus cher les chevaux de cinq à six ans, prêts à entrer en service. Cette augmentation de prix ne constituerait pas un sacrifice pour le Trésor, et serait et au delà compensée par la suppression des frais d'entretien et des chances de mortalité pendant un séjour d'un an dans les dépôts de remonte. La transition se ferait ainsi sans secousses, et au bout d'un temps assez court on pourrait fixer à cinq ans le minimum d'âge et supprimer les dépôts de remonte.

Mais une réforme plus importante, et qui devrait être immédiate, est celle qui consiste à acheter les chevaux pour l'armée, sans exclusion, ni préférence, à toutes les personnes qui les présentent et à la seule condition de justifier de leur origine française. La liberté des transactions est le seul régime qui puisse offrir à l'armée des ressources assurées et abondantes, à l'éleveur des chances de gain, au commerce le moyen de lutter contre la concurrence étrangère qui trouve dans l'organisation actuelle des remontes un puissant auxiliaire.

Budget. — Les deux mesures immédiates que nous proposons ne pouvant recevoir leur exécution avant la fin de l'année, c'est pour 1861 seulement qu'il conviendrait d'inscrire au budget une augmentation de 400,000 fr., destinée à porter à 600,000 fr. le crédit applicable, par prévision, aux étalons approuvés.

La même année, la suppression de l'élevage à Pompadour permettrait de réduire de 100,000 fr.

le crédit relatif à l'entretien des établissements, et l'augmentation serait ainsi ramenée à 300,000 francs.

Cet excédant de dépenses pourrait être lui-même, en tout ou en partie, compensé par l'effet des premières mesures prises pour restreindre l'intervention directe de l'administration. Il suffirait en effet de réformer deux cents chevaux parmi les plus médiocres, pour réaliser une économie de 300,000 fr. sur l'entretien et la remonte des dépôts, et faire rentrer le budget dans les limites actuelles. Après cette épuration, l'administration n'aurait plus que 1,100 étalons au lieu de 1,300, mais elle en primerait convenablement 1,000 au lieu de 600 chez les particuliers.

A partir de ce moment, chaque pas fait dans la voie que nous indiquons procurerait des économies au Trésor, tout en augmentant le nombre des étalons de choix dont les services seraient assurés au public. Le jour où l'intervention directe aurait disparu, on pourrait, avec la moitié de la somme que coûte aujourd'hui l'entretien de 1,300 étalons, en primer largement 2,000, et 4,000 avec la somme entière.

Sous l'influence d'encouragements efficaces, l'industrie s'habituerait à la liberté et deviendrait assez forte pour vivre de ses propres ressources. Alors l'intervention indirecte pourrait disparaître à son tour, et au lieu de devoir au budget une existence factice et précaire, d'être frappée de stérilité comme tout ce qui ne vit que par les faveurs administratives, la production nationale reposerait sur la base large et féconde de la liberté.

Ces idées, nous sommes unanimes pour en recommander l'adoption, ne constituent pas une théorie nouvelle. Peu de temps après l'établissement des haras royaux, elles étaient déjà préconisées par des esprits éminents. Voici ce qu'écrivait, il y a plus d'un siècle, le maréchal de Villars[1] :

[1] *Mémoires du maréchal de Villars*. Collection Michaud et Poujoulat, IIIme série, tome IX, page 379.

« J'ai aussi parlé au cardinal de la destruction des chevaux en France. Je lui ai dit : Dans les dernières guerres, on tirait plus de 25,000 chevaux tous les ans de Bretagne et de Comté, et à présent il n'en sort plus la quatrième partie. Depuis la mort du feu roi, il nous en coûte plus de 100,000 écus par an pour établir des haras, et c'est précisément depuis ce temps-là que tous ceux que nous avions en France sont détruits.

« Commencez par épargner vos 100,000 écus, rendez aux peuples la liberté qu'on leur a ôtée d'avoir des juments et des étalons, et vous verrez que les choses reprendront leur cours ; au lieu que par vos précautions la quantité de chevaux diminue tous les jours. »

Lorsque le maréchal de Villars donnait ce conseil, le pays était épuisé par les guerres continuelles du règne précédent ; l'agriculture et l'industrie étaient encore dans l'enfance. Aujourd'hui que la France est riche et prospère, on ne saurait hésiter à prendre des mesures conformes à l'esprit des temps modernes et au système de réformes économiques que S. M. l'Empereur vient d'inaugurer.

Administration. — Tel que nous l'entendons, le rôle de l'administration s'élève et s'agrandit. La sincérité de ses efforts pour encourager l'industrie, son soin scrupuleux à lui laisser le terrain libre, vaudront mieux pour son importance et sa dignité que l'augmentation de son budget, ou une extension nuisible de son intervention directe. L'administration le comprendra sans doute ; mais pour la garantir elle-même contre la persistance ou le retour de la tendance fâcheuse qui a si longtemps paralysé son action, un contrôle sérieux est nécessaire.

Il semble indispensable qu'une commission permanente soit instituée et reçoive des attributions et un pouvoir suffisants pour régler et surveiller dans ses détails la diminution successive de l'intervention directe, hâter sa suppression, contrôler l'emploi des encouragements destinés à développer les forces de l'industrie et maintenir ainsi l'administration dans la seule voie qu'elle puisse suivre avec profit pour le pays.

DISCOURS

PRONONCÉ A LA DISTRIBUTION DES RÉCOMPENSES

DONNÉES POUR

L'EXPOSITION UNIVERSELLE DE LONDRES

25 JANVIER 1863

DISCOURS

PRONONCÉ A LA DISTRIBUTION DES RÉCOMPENSES

DONNÉES POUR

L'EXPOSITION UNIVERSELLE DE LONDRES

25 JANVIER 1863

Sire,

Les travaux de la Commission impériale, que Votre Majesté a nommée pour présider à la section française de l'Exposition universelle de Londres, sont finis, et je viens, comme président de cette Commission, rendre compte à l'Empereur de ce que nous avons fait et lui soumettre les récompenses honorifiques que nous avons l'honneur de lui recommander.

Les décorations accordées à nos exposants seront un nouvel exemple de cette égalité féconde qui permet à tous les mérites d'être honorés, sans distinction de rang ni de profession.

Avant tout, qu'il me soit permis de rendre un hommage mérité aux exposants français, qui ont soutenu avec éclat à l'étranger notre réputation dans les sciences, les arts et l'industrie.

Nous constatons avec une vive satisfaction que, dans le concours universel de 1862, nos exposants ont été généralement dédommagés de leurs sacrifices par le développement de leurs affaires, preuve nouvelle de l'utilité pratique de ces concours.

Les circonstances dans lesquelles les produits français ont été envoyés à Londres donnaient un intérêt tout particulier à cette Exposition ; elle se faisait dans des conditions nouvelles pour notre industrie, au début de la politique de liberté commerciale dans laquelle votre gouvernement est entré, et l'expérience est venue sanctionner les principes que la théorie a posés depuis longtemps. C'est un argument bien concluant et qui doit peser d'un grand poids pour engager la France à persévérer dans cette voie aussi profitable que rationnelle.

L'industrie française a répondu avec empressement à notre appel, et si quelques grands établissements nous ont malheureusement fait défaut, l'ensemble de notre exposition n'en a pas souffert. La France a occupé un rang très-honorable à Londres, grâce surtout aux efforts récents ou renouvelés d'établissements industriels, qui n'ont pas craint d'accepter la lutte avec courage, et qui l'ont soutenue avec éclat.

Notre pays a jusqu'ici brillé dans ce qui se rattachait aux arts, au goût et au fini de l'exécution. L'Angleterre fait des efforts inouïs dans cette voie, et, si nous voulons conserver notre ancienne suprématie, il faut que nos industriels redoublent d'efforts, en se préoccupant sérieusement des progrès obtenus par les étrangers.

Nous devons des remercîments aux artistes et aux propriétaires d'œuvres d'art qui ont bien voulu nous confier leurs chefs-d'œuvre, par un sentiment patriotique d'autant plus digne d'éloge que le règlement adopté ne nous permettait pas de les récompenser.

Les jurys d'admission départementaux ont fonctionné avec zèle et discernement; l'emplacement réservé à la France, étant comparativement très-restreint, rendait le choix à faire d'autant plus difficile et important. Nous n'avions que 13,720 mètres à distribuer à 5,521 exposants.

J'appelle l'attention de Votre Majesté sur le travail du Jury des récompenses, qui a été digne de cette réunion d'hommes éminents. Par une heureuse innovation, les rapports, rédigés par plus de cent personnes, ont été publiés à la clôture même de l'Exposition, malgré la difficulté de l'examen des produits de l'industrie du monde entier et de la désignation des récompenses.

La France a obtenu 1,611 médailles : le Jury international s'est montré juste et bienveillant pour nous; nous n'avons eu qu'à nous féliciter de nos bons rapports constants avec les jurés étrangers.

La Commission a spécialement recommandé au Jury d'étudier les modifications à apporter à notre système de réglementation, souvent excessif. Je crois que le gouvernement de Votre Majesté pourrait puiser d'utiles renseignements dans l'étude approfondie de ces rapports, au point de vue de la simplification des entraves administratives et du développement si nécessaire de l'initiative individuelle, sans laquelle aucun progrès ne peut être fait. Nos sociétés modernes ont, surtout au point de vue commercial et industriel, besoin de liberté.

Le rôle de la Commission impériale a été difficile quand il s'est agi de proposer des récompenses honorifiques à Votre Majesté.

Dans un travail si compliqué, où tous les mérites devaient être examinés plus encore à un point de vue relatif qu'à un point de vue absolu; où les considérations d'honorabilité personnelle, de nouveauté des inventions et des procédés, du développement des affaires, du bon emploi des capitaux, de la bienveillance vis-à-vis des ouvriers, devaient être appréciées, la perfection n'était pas possible.

Notre plus sérieux embarras est venu de la multiplicité des mérites souvent presque égaux, parmi lesquels il fallait faire un choix : nous avons fait de notre mieux, en tâchant de nous affranchir de toute influence et en suivant le vœu de l'Empereur, qui était de ne céder à aucune considération politique.

Grâce à la libéralité de la Commission impériale et de l'Administration de la ville de Paris, une somme de 40,000 francs a été employée aux subventions à donner à des voyages de simples ouvriers. Nous avons voulu laisser le choix des délégués aux ouvriers eux-mêmes. Malgré quelques appréhensions, que l'expérience est venue dissiper, et grâce à la confiance de Votre Majesté et à la volonté qu'elle a bien voulu m'exprimer, les élections se sont faites librement, sans aucune intervention de l'autorité, et le plus bel éloge à adresser aux ouvriers de Paris spécialement, c'est qu'un nombre considérable d'entre eux a pris part à ces élections avec un calme complet.

Près de mille ouvriers, délégués de toute la France, ont été à Londres, pour y étudier l'Exposition et y puiser des renseignements utiles, qu'ils ont consignés dans des rapports intéressants.

C'est avec une vive satisfaction que je puis annoncer à Votre Majesté que le crédit de 1,200,000 francs, ouvert pour les dépenses de l'Exposition, ne sera ni dépassé ni même atteint; et cependant nous n'avons reculé devant aucune dépense utile au succès de l'Exposition. J'ai tenu tout particulièrement à obtenir ce résultat, et j'en rends grâce surtout à la sage administration et à l'esprit d'ordre de M. Le Play, conseiller d'État, notre commissaire général. Nous avons cru qu'un bon emploi des deniers publics était notre premier devoir, ne voulant, sous aucun prétexte, dépasser le budget voté, quelle que fût souvent la difficulté de résister à des réclamations pour des dépenses qui ne devaient pas augmenter la splendeur de l'Exposition.

Permettez-moi, Sire, d'exprimer dans cette solennité, qui est le couronnement de l'Exposition, nos remercîments aux Commissaires de la Reine d'Angleterre pour leur bienveillante hospitalité; à notre collègue, M. Rouher, ministre des travaux publics, pour le concours libéral et éclairé qu'il nous a prêté; à MM. Michel Chevalier, président du jury, et Le Play, commissaire général, ainsi qu'à nos agents de tout rang, qui nous ont aidés avec zèle et intelligence.

Au nom de l'industrie française, Sire, je vous remercie de votre courageuse et persévérante initiative à surmonter tous les obstacles, sans vous arrêter à ces oppositions passagères, souvent inspirées par des intérêts particuliers, pour mettre la France à la tête de cette politique de liberté des échanges qui fera sa prospérité.

Qu'il me soit permis de rappeler que le premier résultat de cette politique a été, lors de la mauvaise récolte en 1861, d'obtenir le pain à un prix modéré et de satisfaire le consommateur. C'est une nouvelle preuve de cette vive sollicitude que vous portez aux classes laborieuses, qui eussent payé leur pain beaucoup plus cher sans la suppression des entraves au commerce des blés.

La Commission impériale a fait tous ses efforts pour remplir son devoir; sa plus haute récompense, pour elle et pour son président, sera d'obtenir l'approbation du représentant suprême du peuple français, l'Empereur.

DISCOURS

PRONONCÉ AU BANQUET DONNÉ A PARIS

PAR

LA SOCIÉTÉ DE L'ISTHME DE SUEZ

11 Février 1864

DISCOURS

PRONONCÉ AU BANQUET DONNÉ A PARIS

PAR

LA SOCIÉTÉ DE L'ISTHME DE SUEZ

11 Février 1864

Messieurs,

Je propose un toast que vous porterez avec autant de plaisir, avec autant d'enthousiasme que moi : *A la Compagnie de l'isthme de Suez !*

Permettez-moi, Messieurs, d'entrer dans quelques développements ; je m'y crois autorisé par le caractère même de notre réunion, que je considère presque comme une fête de famille.

Vous venez d'obtenir votre premier et grand succès matériel : le canal d'eau douce du Nil à Suez est terminé. Ces rivages arides viennent de recevoir l'eau qui leur manquait; c'est non-seulement un bienfait immense pour un des ports où doit aboutir le canal maritime, mais la Compagnie y trouve un instrument indispensable pour l'achèvement de la grande œuvre qu'elle a entreprise : le canal d'eau douce était le préliminaire nécessaire du canal maritime.

Vos ennemis ont voulu faire coïncider un échec moral avec votre succès matériel. C'est pour répondre à leurs attaques que nous nous réunissons ici. Pour ma part, je le déclare : j'aime ces errements, ces habitudes d'un pays libre, où l'on vient parler de ses affaires à la face de tous, au grand jour, pour les exposer devant ses ennemis comme devant ses amis, et appeler sur elles les manifestations de l'opinion publique.

Vous m'avez fait, Messieurs, votre Comité

m'a fait le grand honneur de me proposer la présidence de cette assemblée, et je l'ai acceptée avec reconnaissance. Mais permettez-moi de vous dire tout mon sentiment, car je crois qu'ici nous ne devons rien dissimuler.

Avant de visiter l'Égypte, un sentiment sympathique m'attachait à votre entreprise. Aujourd'hui que je l'ai vue de près, je lui suis complétement acquis. Il y a quelques mois, je suis allé en Égypte ; j'ai voulu étudier de près l'exécution de vos travaux et les apprécier par moi-même. Avant d'avoir vu, j'espérais ; maintenant que j'ai vu, je crois. Ce qui n'était qu'un espoir est devenu une certitude. Je m'en félicite avec vous.

Comme je crois que chacun doit parler avec une entière franchise, je dirai toute ma pensée.

Je ne blâme pas ceux qui, ayant des positions élevées dans l'État, prennent un intérêt dans les affaires industrielles qu'ils peuvent être appelés à juger ; je ne jette pas un blâme sur eux, mais je tiens à constater que je ne les imite pas; ce qui, assurément, n'ôte rien aux sympathies que les affaires m'inspirent, mais me rend plus indépendant vis-à-vis de mes convictions. Je ne suis intéressé dans aucune entreprise d'aucun genre ; je ne le suis même pas dans la vôtre, qui m'est si sympathique.

Il y a quelques années, dans l'héritage de celui qui fut mon père, et plus que mon père, mon ami, je trouvai cent actions de la Compagnie de Suez : je n'ai pas voulu les garder un seul jour. Je crus, et je m'en félicite, que dans certaines positions il faut être aussi détaché que possible de tout intérêt personnel, et que l'examen des grandes affaires ne peut qu'y gagner, non-seulement pour soi, — je ne me permets de douter de l'honorabilité de personne, — mais à cause de l'effet que cela peut produire sur l'opinion publique. Rappelez-vous ce mot de l'antiquité : La femme de César ne doit pas même être soupçonnée.

Je vous demande pardon de cette digression sur ma position personnelle, mais j'ai cru qu'il fallait tout vous dire aujourd'hui. A présent, je ne veux causer avec vous que de la grande entreprise de Suez.

Elle m'a toujours frappé, parce que c'était la première grande œuvre nationale, entreprise à l'étranger avec les seules forces de l'initiative individuelle, avec un dévouement, une persévérance comme on n'en avait pas encore vu, et sans aucune espèce d'attache gouvernementale ; c'est là ce qui m'a surtout séduit. Je me plais à constater avec quelle honnêteté elle a été conduite.

Je ne trouve pas mauvais qu'on cherche à s'enrichir dans les affaires, non ; mais il faut gagner sur les affaires elles-mêmes, et jamais sur ceux qui les font. Eh bien, c'est ce qu'il y a de profondément honnête, c'est ce qu'il y a de beau, de remarquable, c'est ce qu'il y a d'incontestable et de spécialement louable dans la grande et magnifique entreprise dont il s'agit : nous ne l'avons pas vu, depuis sept à huit ans que vous vous en occupez, donner lieu à ces fortunes scandaleuses faites en un jour, que la morale publique réprouve, et réprouve à juste titre. Quoi qu'on en puisse dire, il faut que les capitaux se gagnent par un travail sérieux, par le temps et non par des spéculations.

Je vais vous dire aujourd'hui ce que j'ai vu par moi-même. J'aime à donner avant tout un éloge, et un éloge bien mérité, à mon ancien ami, à celui qui a été le fondateur, le propagateur, et surtout l'habile directeur de cette grande œuvre, à mon ancien et bon ami, M. Ferdinand de Lesseps.

J'ai vu, en Égypte, Messieurs, ce que souffrent vos agents, combien leur œuvre est difficile et pénible... — Ici, Messieurs, il est très-facile de causer de l'isthme de Suez, nous sommes bien assis dans de bons fauteuils, nous avons bien dîné, un peu froidement peut-être, mais enfin ce n'est pas la faute de la Compagnie, c'est la faute du temps, mais quand je suis allé sur les lieux, quand j'ai vu vos agents, — c'est-à-dire nos agents, car ils ne sont pas les agents de la Compagnie seulement, mais aussi ceux de la France, ces ingénieurs du corps impérial des Ponts et Chaussées momentanément mis à votre disposition, — quand je les ai vus diriger les travaux avec cette habileté qui n'appartient qu'à eux, quand je les ai vus, par 40 et 45 degrés de chaleur, buvant de l'eau saumâtre, mangeant du biscuit, couchant dans le sable brûlant; quand je les ai vus souffrir ce qu'ils souffraient (et cela, non pas dans l'intérêt de l'affaire, car vous les payez bien, mais vous ne les payez pas d'une manière exagérée), j'ai reconnu que ce qui les soutenait, c'était cet esprit, ce dévouement qu'on rencontre toujours chez des Français quand il s'agit d'une grande œuvre, c'était le moral qui soutenait le physique. Je me plais à rendre ici à ces hommes dévoués un éclatant hommage.

Ne les oublions pas parce qu'ils sont loin d'ici. J'ai trouvé parmi eux les Voisin, les Sciama, les Laroche, les Laroze, et tant d'autres qui illustrent la France sur cette terre d'Égypte; j'y ai trouvé non-seulement les ingénieurs, mais les contre-maîtres, mais tous ces ouvriers dévoués qui mettent tout leur cœur au service de leurs devoirs... Ah! Messieurs, parce que vous êtes ici à la tête de ces hommes, ne les oubliez pas, et qu'un souvenir de Paris, de la patrie éloignée, aille réchauffer leur cœur, bien que leur cœur n'ait pas besoin d'être réchauffé.

Si je vous rappelle ce qui se passe en Égypte, Messieurs, c'est que la plupart d'entre vous n'y sont pas allés. Je voudrais vous en faire un tableau frappant.

Quand j'ai vu les travailleurs égyptiens, qu'on vous représente si faussement comme maltraités par nous; quand j'ai vu cette fourmilière d'hommes, grands, élancés, maigres, bruns de peau, sous un soleil ardent, un peu décharnés, pour la plupart très-jeunes, charriant sur des buttes le sable retiré du canal, je me suis rappelé l'ancienne Égypte, et je lui ai comparé le présent avec orgueil. Je me disais : Cette terre d'Égypte est bien curieuse, elle est bien singulière ! Non-seulement elle conserve les monuments, mais on dirait un climat conservateur par excellence, conservateur des mœurs presque autant que des monuments. Mon âme se réjouissait, mon esprit s'élevait. Ce pays, qui pour le despotisme avait construit de beaux monuments, les tombeaux des rois, les Pyramides, monuments de vanité et de tyrannie autant que de grandeur; ce pays, aujourd'hui qu'il n'est plus gouverné par des pharaons, se livre à des travaux utiles et exécute, sous la direction des Français, le canal de l'isthme de Suez, une des grandes œuvres de l'humanité, qui réunira l'Occident à l'Orient et rendra les peuples plus solidaires les uns des autres.

Et je me rappelais la prospérité de l'ancienne

Égypte. On pourrait presque calculer cette prospérité, selon le plus ou moins d'activité avec laquelle le courant du commerce européen, entre l'Occident et l'extrême Orient, emprunte la route de l'Égypte. Le Caire a été une grande ville qui a tenté l'ambition des Arabes, il y a douze cents ans, bien avant la découverte du cap de Bonne-Espérance; et, depuis quatre cents ans, depuis la découverte de ce cap, l'Égypte a baissé, parce que le commerce a pris le chemin de ce grand détour que vous voulez lui épargner à l'avenir. La prospérité du commerce du monde consiste à reprendre la route de l'Égypte. Tant qu'il y a passé, l'Égypte a été prospère; quand il s'en est détourné, sa richesse a diminué.

J'avais donc raison de dire que notre œuvre est non-seulement une œuvre française, mais une œuvre humanitaire accomplie par le génie français. C'est rester dans le vrai et ne rien exagérer.

A présent, Messieurs, permettez-moi d'entrer dans l'historique de votre affaire.

Vous avez passé des contrats avec Saïd-Pacha, prince spirituel, un peu enthousiaste, très-irrésolu, sachant peu, mais confiant et laissant faire quelquefois un homme qui s'y entend, mon ami M. de Lesseps. Saïd meurt; Ismaïl monte sur le trône. En général, les successeurs aiment peu à faire ce que faisaient leurs prédécesseurs : c'est l'histoire du monde, ce n'est pas une critique contre Ismaïl-Pacha.

Je me plais à le dire ici : S. A. Ismaïl-Pacha s'est très-bien conduit. C'est un prince instruit, capable, ordonné, plus régulier et plus sage que les Orientaux en général, et qui a été élevé à Paris. Il a commencé par régler ses dettes avec la Compagnie. Cela est quelque chose, car il devait de 78 à 80 millions. Ses dettes réglées, il a encouragé, développé les travaux du canal.

Pourquoi faut-il qu'à côté de ces éloges que je me plais à lui donner, tout d'un coup sa conduite ait changé ? Pourquoi ? Je vais le dire : j'entrerai dans tous les détails et je prononcerai les noms propres quand ce sera necessaire, parce que je n'ai rien à cacher.

Le vice-roi a pour secrétaire un homme capable, je mets un certain amour-propre à dire qu'il est capable, car nous avons été élevés ensemble pendant deux années dans la même pension, près de Genève; j'ai été très-étonné de retrouver sur les bords du Nil un de mes condisciples avec lequel j'avais travaillé et joué quand j'étais en exil en Suisse : il s'agit de Nubar-Pacha.

Il est devenu pacha, et moi, je suis devenu autre chose que vous savez.

Le vice-roi, changeant de conduite, envoie Nubar à Constantinople. Je crois que je pourrais vous éclairer sur sa mission à Constantinople; je crois même que je pourrais vous donner beaucoup de détails. Mais je me suis imposé le devoir de ne parler que des affaires de l'isthme, des affaires qui peuvent vous intéresser directement.

Le vice-roi a eu une idée que je ne vous dirai pas, idée louable et fort honorable que je ne blâme pas et qu'il a voulu faire triompher à Constantinople. Il a trouvé un homme intelligent pour exposer ses vues, et il l'a envoyé à Constantinople.

Une fois là, Nubar a compris que pour obtenir quelque chose des Turcs, ce qui est toujours difficile, il fallait avant tout beaucoup promettre, quelquefois donner, surtout promettre. Il n'avait pas grand'chose à donner; il pouvait beaucoup promettre; il avait l'isthme de Suez dans son sac; il promit l'isthme de Suez.

Il a dit aux Turcs : Il y a quelque chose que je désire beaucoup. On lui a répondu : Il y a quelque chose que nous désirons beaucoup aussi, c'est l'isthme de Suez. Ce diable d'isthme nous embarrasse tous; donnez-nous-le, et nous vous donnerons ce que vous désirez. On s'est donc entendu pour agir contre votre Compagnie et contre les intérêts français. Alors, avec cette finesse que je reconnais chez les Orientaux, ils ont bien vite apprécié la situation, et ils se sont dit : Non, la Porte n'est pas assez forte pour vaincre l'isthme; l'Angleterre n'est pas assez forte pour vaincre l'isthme. Que faut-il faire? Ah! ils se souviennent alors de ce vieil adage qu'ils ont trouvé dans la politique africaine, dans les antécédents du grand homme de l'Afrique : *On ne peut vaincre Rome que dans Rome.* Ils se sont dit : On ne peut vaincre la France qu'en France, allons à Paris.

C'est un hommage que Nubar a rendu à la puissance de notre pays, à l'opinion publique française. Il a compris que ce n'était pas de Constantinople, que ce n'était pas d'autre part que l'on pouvait avoir de l'influence sur l'opinion publique française. Il est venu ici, que faire ? Essayer de mettre le désordre parmi nous; et c'est ici que nous le combattons.

Quelles ont été, Messieurs, ses lettres de recommandation ?

Ai-je besoin de le dire? Ses lettres de recommandation ont été des lettres de crédit sur les banquiers anglais. Son argent de poche, de quoi se composait-il? De livres sterling et non de napoléons d'or.

Il arrive ici, et, mettant en œuvre cette politique orientale souvent employée et malheureusement trop souvent habituée à réussir, il cherche, il sonde, il espère triompher par des moyens que je ne qualifie pas. Je ne soulève pas certains voiles; il est des choses que je ne veux pas croire quand il s'agit de mon pays.

Soit! il n'a pas réussi, ou du moins je veux le croire; il n'a pas réussi par de mauvais moyens. Mais, venant ici pour s'éclairer auprès des maîtres du savoir et des maîtres en l'art de faire, il les consulte puis il se dit : Si les mauvais moyens ne suffisent pas pour porter le désordre dans l'opinion française, pour combattre la Compagnie, usons des moyens qu'on m'a conseillés. Pour agir sur ce pays-ci, il faut le séduire, lui faire illusion. Pour cela, que faut-il? Faire appel aux idées généreuses, aux nobles sentiments; et alors il a mis en avant le droit, qui a toujours une si grande et si légitime influence sur les idées et les cœurs français; pour exciter les sentiments généreux et libéraux, il a parlé de l'émancipation des fellahs, de l'abolition de la corvée.

Discutons ces deux points: le droit d'abord, l'abolition de la corvée ensuite, et, ainsi que je l'ai dit en commençant, déchirons les voiles pour être à notre aise.

Ceux qui soutiennent nos ennemis, c'est à dire les ennemis de la grande œuvre que vous faites, les ennemis d'une idée française, que disent-ils? Ils n'attaquent pas le canal . . . Oh! non! non! le canal, ils le veulent comme nous, plus que nous! Seulement, ils commencent par ruiner la Compagnie! c'est pour le bien du canal. Ils crient contre la corvée, cette abominable corvée, comme si nous l'aimions plus qu'eux; ils calomnient nos honorables ingénieurs, ils répandent les allégations les plus fausses, en disant que les ouvriers sont conduits au travail à coups de bâton et avec des menottes . . . Ah ! ceux-là ne connaissent pas les agents français! Ils les calomnient, et ils méconnaissent le bon sens autant que la bonne foi quand ils imputent de pareils faits à nos ingénieurs, à l'élite de cette grande École Polytechnique qui est l'orgueil de la France. Quand ils viennent les salir ainsi, en leur jetant la boue à la figure, leur audace doit être confondue, et nous devons leur répondre avec chaleur et conviction.

Poursuivons, Messieurs. Les adversaires de l'entreprise disent: Ce n'est pas l'entreprise que nous combattons! mais c'est pour le bien de l'entreprise que nous commençons par la ruiner, par calomnier tous ses agents; si nous voulons la rendre impossible, c'est pour qu'elle triomphe mieux. Ils n'ont pas même le bénéfice de l'invention, ces messieurs, ils ont pris pour modèle une célèbre et exécrable institution dont ils suivent les traditions: ce modèle, vous le savez tous, il se nommait l'Inquisition! Quand elle torturait, quand elle brûlait le patient, c'était pour le bien de son âme; l'Inquisition sauvait le pécheur malgré lui. Voilà ce que vos calomniateurs veulent faire.

Je continue.

Nubar, qui s'y connaît, a voulu faire germer et développer, dans l'esprit français, ces deux sentiments qui ont certainement une grande valeur: le droit et l'abolition de la corvée.

Le droit de la Compagnie vis-à-vis de la Porte, je ne m'en occupe pas, cela ne vous regarde pas. Vous avez des traités conclus avec qui? avec le vice-roi. Je ne suis pas un légiste, et ma tâche devient en ce moment épineuse, surtout à côté de mon illustre et honorable collègue — (le Prince se tourne vers M. le procureur général Dupin); — mais enfin j'ai mon bon sens. Eh bien! je me dis: s'il est quelqu'un au monde qui ne puisse invoquer le droit de la Porte contre la Compagnie, c'est le gouvernement égyptien. Qu'a-t-il fait, le gouvernement égyptien? Il a fait des traités avec vous; ces traités ont été exécutés par lui jusqu'ici. C'est à son honneur, mais à une condition, c'est qu'il continue.

Depuis huit ans, c'est lui qui fournit les travailleurs, qui les transporte, qui les surveille, qui vous donne les moyens d'exécution, qui vous aide de toutes les façons imaginables. Eh bien! aujourd'hui, après avoir tout fait avec vous, tout, absolument tout, il vient vous dire: Je me suis trompé; ce que j'ai fait, j'ai eu tort de le faire. Vous avez dépensé 40 millions de l'argent de la France, que voulez-vous? c'est de l'argent mal dépensé; je m'arrête, et je m'arrange avec mon suzerain de manière à vous le faire perdre!

Cette conduite, Messieurs, je ne veux pas la qualifier, car si je la qualifiais, je le ferais très-sévèrement. J'aime mieux croire qu'il y a malentendu entre les instructions que le vice-roi a données et la Compagnie. Tenir une semblable conduite serait inouï; car enfin, s'il y a quelqu'un au monde qui ne puisse pas faire valoir le droit de la Porte, droit qu'il a dénié jusqu'ici, c'est le gouvernement égyptien. Ou il savait qu'il avait besoin de l'autorisation de la Porte, avant de commencer les travaux; alors pourquoi les a-t-il laissé faire? Pourquoi vous a-t-il fait engager votre argent, ainsi que l'honneur de la France, qui est plus que de l'argent, car notre honneur est engagé aujourd'hui? ce serait un échec moral que je ne veux pas prévoir pour mon pays, si cette grande entreprise était abandonnée. Ou bien le gouvernement égyptien savait que ce qu'il faisait n'était pas illégal, qu'il pouvait le faire; qu'il continue. Pour bien juger, examinons le fait et les théories. L'Égypte connaît Constantinople, les vice-rois connaissent la politique ottomane, ils savaient que ce qu'ils faisaient, ils avaient le droit de le faire; car, dans ces pays, rien n'est plus élastique que le droit:

il y est toujours dominé par le fait. Le vice-roi, l'ancien comme le nouveau, savaient à merveille que, quand les faits sont accomplis, la Porte les accepte bien souvent, pour ne pas dire toujours, après les avoir contestés.

Permettez-moi une excursion sur la politique de la Porte, puisque c'est le nœud de la situation, puisque c'est en se plaçant derrière la Porte que l'on cherche à créer des obstacles à l'achèvement du canal. Je ne voudrais rien dire de trop méchant contre la Porte, quoiqu'on me reproche quelquefois de parler trop légèrement des gouvernements étrangers. J'ai un patriotisme très-chaud, qui ne se laisse pas facilement arrêter, quand il s'agit de notre chère France.

Je parlerai du gouvernement ottoman avec tous les égards qui lui sont dus. Je ne peux, je ne veux pas oublier que le sang généreux et pur des enfants de la France a coulé pour la Turquie; mais elle ne devrait pas l'oublier non plus. Eh bien! cette Turquie, qu'est-elle?

On vient nous parler du droit strict de la suzeraineté de la Porte sur l'Égypte. Mais ce droit est-il applicable ici ? Messieurs, si vous aviez besoin d'un exemple, je le prendrais ici même et je dirais : Si M. de Lesseps, président de la Société du canal de Suez, n'avait pas avec sa connaissance approfondie des hommes et des choses de l'Orient, agi comme il l'a fait, à l'heure qu'il est, au lieu d'avoir le canal d'eau douce terminé et le canal maritime très-avancé, vous auriez beaucoup de notes diplomatiques, vous auriez des monceaux de papier ; mais rien ne se serait fait. Eh bien ! je le répète, grâce à sa connaissance profonde des hommes et des choses de l'Orient, M. de Lesseps s'est dit : Il faut agir avec le droit, mais avec le droit oriental, qui n'est pas le droit français. En Orient, le fait domine le droit. Si je voulais chercher une comparaison, elle s'offrirait tout naturellement à mon esprit ; je veux ménager toutes les opinions, je vous dirai cependant que le sultan ressemble à un autre souverain temporel et spirituel que je ne veux pas nommer, pour qui la théorie est absolue, qui proteste toujours, qui ne veut jamais fléchir. Mais enfin cette politique orientale, il faut la prendre pour ce qu'elle est et pour ce qu'elle vaut. Le sultan est souverain absolu ; il est, ou plutôt il se dit, souverain de droit à Tunis, à Tripoli, en Égypte, en Arabie, que sais-je ? Je ne suis pas sûr qu'il n'ait pas la prétention d'avoir encore un droit quelconque sur l'Algérie. Il est exactement comme ces gens qui protestent toujours et se disent : On ne sait pas ce qui peut arriver, nous aurons réponse à tous les arguments en réservant toujours un droit, que nous ne voulons pas abandonner.

Maintenant, à côté du droit, il y a le fait. Je n'ai pas besoin de parler de l'Algérie, ce que j'en ai dit n'est qu'une plaisanterie. En fait, le sultan est peu souverain à Tunis, il l'est peu à Tripoli ; en Égypte, il ne l'est pas du tout ; en

Arabie, si un soldat s'éloigne à deux cents pas, il reçoit des coups de fusil. La souveraineté de la Porte n'est pas trop solide chez elle-même.

Parlerai-je des traités de 1841, qui règlent les rapports entre la Porte et l'Égypte ? Je les avais lus, ces traités; je les ai relus avant le banquet. Qu'est-ce qu'on y trouve? Un état de choses qui n'est pas exécuté. Il y est dit, entre autres choses, que le vice-roi d'Égypte n'a pas le droit d'infliger la peine de mort; et on sait que, quand il veut se débarrasser de quelque sujet plus ou moins désagréable, on lui fait remonter le Nil dans une barque vers le Soudan; il tombe dans le fleuve et on dit qu'il s'est noyé. Tout le monde est ainsi satisfait, les traités et le gouvernement égyptien.

Le vice-roi n'a pas le droit de nommer un pacha; qu'est-ce qu'il fait ? il nomme un bey: un bey est une sorte de colonel, seulement il lui donne le rang et les droits de pacha, ce qui équivaut à un général, et le droit se trouve d'accord avec le fait. Je demande que pour le canal ce soit la même chose.

Que la Porte proteste si cela fait du bien à sa situation politique, mais que cela ne vous empêche pas de finir le canal. Persévérez, vous avez le droit pour vous. Vous avez des traités avec le vice-roi; on a beau vouloir les briser, la rupture d'un contrat ne dépend pas de l'une des parties seule. Exigez-en l'application, il n'y a pas de danger.

On s'appuie sur l'Angleterre. Eh bien! parlons de l'Angleterre, quoique ce soit une question délicate à traiter, j'en conviens; mais, cependant, en y mettant beaucoup de mesure et de franchise, je finirai par dire ce que je pense.

D'abord, quand bien même ma franchise devrait déplaire à quelques-uns d'entre vous, je n'entends absolument rien dire contre la nation anglaise; et je fais toujours une grande différence entre cette puissante nation qui m'attire et son gouvernement.... Oui! que voulez-vous?

il y a un mirage qui me plaît beaucoup de l'autre côté du canal, c'est le mirage de la liberté que j'aime tant, et qui m'attire.

Je l'aime, cette liberté, je l'aime chez tous ceux qui la pratiquent.

Mais, à côté de la nation anglaise et de l'opinion anglaise, il y a le gouvernement anglais.

Ne soyons pas trop sévères, même pour le gouvernement anglais. Il est défavorable à votre entreprise. Je ne dirai pas que c'est tout simple, je le désapprouve, mais je le comprends. Il ne vous attaque pas ouvertement; il aime, dans ce cas, à se servir de moyens plus ou moins détournés. Une opposition ouverte, ne la craignez pas de lui; il n'a jamais fait de notes diplomatiques, vous n'en trouverez pas une seule; il a toujours mis la Porte en avant. Il y a une explication pour la politique anglaise.

Savez-vous où je la trouve ? Ce n'est pas dans le *Blue-Book*, c'est dans le *Peerage*, où l'on trouve l'âge de tous les lords d'Angleterre. Quand on ouvre le *Peerage*, et qu'on voit que les nobles lords qui sont au pouvoir ont soixante-dix, soixante-quinze, quatre-vingts ans, on comprend mieux qu'à côté de leur vieille expérience, ils aient le cœur un peu froid; on comprend le calme de leurs sentiments pour les causes les plus généreuses. On s'explique que l'aristocratique Angleterre soit venue dire à la face de l'Europe qu'elle ne donnerait ni un homme ni un schelling pour les causes les plus justes, pour l'Italie, pour la Pologne.

Ne croyez donc pas, Messieurs, que ce même gouvernement en vienne jamais jusqu'à l'*ultima ratio* pour combattre une cause parfaitement juste. Ne vous imaginez pas que l'Angleterre viendrait combattre contre l'isthme de Suez! Allons donc! ce sont là des craintes chimériques et non des raisons, et j'aime à rappeler la distinction que je faisais tout à l'heure entre le peuple anglais et son gouvernement. Le gouvernement anglais, qui a abandonné des droits basés sur l'histoire et sur les traités ; le gouvernement anglais, qui aura peut-être des remords pour avoir fait défection à ces deux grandes causes que j'indiquais tout à l'heure; le gouvernement anglais, qui a abandonné cette noble cause de la Pologne, oserait entraîner son pays dans une guerre à cause du canal de Suez ? Allons donc ! Voulez-vous que je vous dise toute ma pensée ? S'il l'osait (il ne l'osera jamais), ce n'est pas nous qui aurions à nous défendre contre lui, c'est lui qui aurait à se défendre contre le peuple anglais. Il tomberait sous son mépris, sous ses risées. Cela n'est pas sérieux.

Je me résume. Vous avez un droit incontestable, vous le tenez de l'Égypte; continuez vos travaux. Vis-à-vis de la Porte, vous n'avez rien à faire, cela ne vous regarde pas; c'est la question politique, et quand la Porte voudra faire soutenir ce qu'elle croit son droit par des actes, ce sera affaire à discuter. Quant à cet épouvantail de l'Angleterre, ne vous en préoccupez pas. Vos ennemis, vos adversaires peuvent parler de cela; quant aux hommes du canal, ils n'ont pas à s'en occuper, et je défie le gouvernement de ce grand pays d'Angleterre d'entraîner la nation dans une hostilité sérieuse contre le canal.

Je reprends mon historique de la mission de Nubar-Pacha. Arrivé à Paris, et se basant sur des irrégularités (je crois avoir prouvé et indiqué que ces irrégularités n'existent pas, et que, si elles existaient, il serait interdit à l'Égypte plus qu'à tout autre de les faire valoir), s'appuyant sur ces irrégularités, il est venu vous faire trois ouvertures. Il vous a proposé de laisser faire par le vice-roi le canal d'eau douce; le canal d'eau douce est fait, c'est pour cela, probablement, qu'il vous a proposé de le terminer. Il vous a demandé l'abandon des terrains, moyennant indemnité. Enfin, il vous a proposé l'abolition de la corvée; l'abolition, non, je me trompe;

il vous a proposé de la réduire de vingt mille hommes à six mille hommes.

Eh bien ! admettons que ces propositions eussent été acceptées par vous, et jetons un coup d'œil vers l'avenir ; car l'homme d'État, et ceux qui s'occupent de ces entreprises sont des hommes d'État, doit songer à l'avenir ; jamais rien de plus beau, de plus noble, de plus utile n'a été entrepris et n'a mieux mérité d'être le but d'un grand pays. Jetons un coup d'œil sur l'avenir et voyons ce qui arriverait. J'admets un moment que les propositions de Nubar eussent pu être acceptées par vous. Il arriverait quelque chose de bien triste. D'abord, la Compagnie serait ruinée ; mais qu'à cela ne tienne ! je sais que c'est le but désiré ; passons là-dessus. Le canal se ferait-il ? Non. Je suis convaincu de l'impuissance de ces pays orientaux, et je vous dis nettement, non ! le canal ne serait pas fait. Le vice-roi, que j'aime, que j'honore profondément, de l'amitié duquel je suis fier, et auquel je conserve un bon souvenir pour l'accueil qu'il m'a fait; le vice-roi se croit, de bonne foi, capable de terminer le canal ; il se trompe.

Tout à l'heure, je serrais la main de M. Mougel-Bey, qui a fait le barrage du Nil ? Savez-vous ce que c'est que le barrage du Nil ? M. Mougel a dépensé 20 millions pour le construire, c'est-à-dire pour maintenir le niveau du Nil à une hauteur variable à volonté, afin d'inonder les terrains environnants par cet immense barrage. Vous savez que la fertilité d'Égypte est en raison directe de l'eau dont on peut disposer pour irriguer les terres. Il y a dix ans qu'il est terminé, achevé complétement, sauf peu de chose, sauf des portes. Voilà tout ce qui y manque, et il faudrait pour cela dépenser 1 million, 1,500,000 francs au plus. Eh bien ! ces portes, on ne les place pas, et le barrage est inutile. Le gouvernement égyptien est comme un homme qui perdrait ses pantalons parce qu'il ne sait pas y coudre un bouton.

Les Orientaux en sont là, ils ne savent jamais coudre le dernier bouton. Voilà dix ans qu'ils ont dépensé 20 millions pour le barrage du Nil, et ils ne profitent pas de ses avantages: leurs terres perdent la fertilité que leur donnerait l'irrigation des eaux du Nil; ils perdent l'intérêt de l'argent qu'ils ont dépensé; et tout cela pour ne pas savoir mettre des portes au barrage, pour ne pas vouloir dépenser 1 million ou 1,500,000 francs. Ne nous faisons pas illusion, voilà la puissance ou plutôt l'impuissance orientale prise sur le fait. Le vice-roi est de bonne foi, j'en suis sûr, il croit pouvoir terminer le canal; il ne le terminerait pas, les travaux se dégraderaient, rien ne se ferait, voilà la vérité.

Je me trompe, dans dix, quinze, vingt ans, quelque chose se fera, parce que, croyez-moi, dans l'époque où nous sommes, avec l'idée du progrès qui domine aujourd'hui le monde, on n'arrête pas le mouvement des esprits; le canal de Suez sera creusé. Dans quinze ou vingt ans, lorsque le vice-roi aura montré son impuissance, il y aura là quelqu'un qui sera tout prêt, qui constituera une nouvelle Compagnie, et qui fera le canal. Savez-vous qui ce sera? Ce sera l'influence, les capitaux et les ouvriers anglais, voilà ma prédiction.

Ainsi, lorsque votre Compagnie aura été ruinée sous les auspices du gouvernement égyptien, votre héritage futur arrivera dans un temps plus ou moins éloigné à une compagnie rivale, qui profitera de votre argent, de vos études, de tout ce que vous avez fait. Devez-vous supporter cela? Non ! à aucun prix.

Et que ne vous a-t-on pas dit de ce canal, car on a essayé de tout pour l'entraver. On vous a d'abord dit, sous l'influence de ces Messieurs, qui voulaient en savoir plus que vous, qui voulaient vous donner des conseils comme ils vous en donnent aujourd'hui, que le canal était impossible, que vous ne trouveriez pas d'argent. La possibilité a été démontrée par les hommes compétents; l'argent a été trouvé, grâce au patriotisme qui, Dieu merci! ne fait jamais défaut en France. Courage donc! ne vous préoccupez pas des embarras d'un jour, et votre grande œuvre se finira; et dans l'avenir on ne verra que votre immense succès, les difficultés de détail auront disparu, et la postérité verra, accomplie par les enfants de la France, appuyés sur leur Gouvernement, une des plus grandes et des plus glorieuses œuvres du monde. Voilà ce que vous ferez avec du courage et de la persévérance.

J'ai à vous parler de la corvée que j'ai signalée en commençant. La corvée! voilà le gros canon rayé avec lequel on veut battre en brèche la Compagnie. Moi, j'ai beaucoup de préjugés libéraux, je l'avoue; j'ai l'amour-propre de croire bien comprendre et beaucoup aimer la liberté. Eh bien! je vous l'avouerai: je déplore la corvée plus que personne, et plus que le gouvernement égyptien lui-même, ne lui en déplaise.

Voulez-vous que je vous dise ce que c'est que

la corvée: c'est une détestable institution qui date des pharaons, qui vient de très-loin, comme vous voyez, qui est peut-être inhérente à la configuration de l'Égypte. Vous savez ce que c'est que l'Égypte; c'est un long boyau, un long canal, avec un fleuve très-riche et en même temps très-dangereux, coulant au milieu, et qui porte en même temps dans ses ondes la richesse, si on sait le contenir, la ruine, s'il n'est pas contenu; il faut, à chaque instant de l'inondation, avoir une motte de terre à la main pour arrêter l'eau.

Cette constitution physique du pays a certainement exercé une grande influence sur sa constitution: de là l'origine de la corvée.

Moi, avec mes sentiments d'enfant de 89, avec mes aspirations de liberté, de travail libre, je ne veux la corvée à aucun prix; je me sentais gêné, je l'avoue, par cette espèce d'argument qui était mis en avant par le gouvernement égyptien: une Compagnie française n'ayant pas fait naître la corvée, mais en profitant, cela me tourmentait; cela pesait sur ma conscience et mon esprit qui se retournaient de tous les côtés pour voir comment ils se débarrasseraient de ce poids.

Rappelez-vous que la corvée, la Compagnie l'a trouvée établie, et qu'elle l'a un peu améliorée, je tiens à le constater; car, jusqu'à présent, ces malheureux ouvriers n'étaient pas payés du tout. On vous dit que vous les payez peu; mais, avant la Compagnie, on ne les payait pas du tout, si ce n'est à coups de bâton et en mauvais traitements. C'est ainsi, Messieurs, on ne peut le nier, que les choses se sont passées en Égypte lors de la construction du chemin de fer d'Alexandrie au Caire, et du Caire à Suez surtout.

Mais j'avais oublié quelque chose qui me vient à l'esprit, et je suis bien informé. Le gouvernement égyptien a demandé et obtenu, je ne dis pas un firman, mais une lettre vizirielle pour le chemin de fer d'Alexandrie au Caire. Mais quant à celui du Caire à Suez, il n'y a eu ni firman, ni lettre vizirielle, ni autorisation même après l'achèvement des travaux. Ainsi, cette mise en demeure de la Porte se trouve combattue par les antécédents du gouvernement égyptien, qui a fait exécuter ce chemin par une Compagnie anglaise, sans autorisation de la Porte. Ceux qui l'ont exécuté devraient se rappeler quelles sont les horreurs dont ses travaux ont été la cause; ils n'étaient pas dirigés par des Français et par un esprit humanitaire et bienfaisant. Qu'ils se souviennent! et qu'ils comptent, s'ils l'osent, les cadavres qui encombraient le chemin du Caire à Suez, un jour que l'eau a manqué aux travailleurs!

Ah! ce n'étaient pas des Français qui dirigeaient ces corvées! qu'ils comparent ces corvées conduites avec inhumanité, avec brutalité, qu'ils les comparent avec celles que conduisent les ingénieurs français. Qu'ils interrogent les fellahs, et les fellahs répondront que jamais ils n'ont été mieux traités, ni avec plus de bienveillance qu'aujourd'hui.

Ceci est bien constaté. Que la Compagnie de l'isthme de Suez ait profité de ce que j'appelle hautement un mal, car je n'en veux pas de la corvée, c'est vrai. Elle en a profité, en rendant supportable ce qui, avant elle, était bien plus mauvais, détestable, intolérable.

Eh bien ! si les propositions qu'on vous a faites avaient été acceptées, croyez-vous que la corvée serait abolie ? Non, Messieurs. Je m'expliquerai franchement, comme j'ai promis de le faire ; c'est chose souvent dangereuse pour un homme qui parle en public, d'oser prédire l'avenir qui peut lui donner un démenti ; mais je suis si convaincu, que je risque une prophétie. Non, la corvée ne sera pas abolie en Égypte ; elle ne le sera pas de sitôt. On ne vous donnera plus vingt mille travailleurs, on vous en donnera six mille, et puis ces six mille on vous les supprimera. C'est bien. Croyez-vous que la corvée sera abolie pour cela en Égypte ? Point du tout, Messieurs, elle sera abolie pour la Compagnie ;

mais elle ne le sera pas pour les terres à coton et à sucre du vice-roi et de Messieurs les gros pachas. Elle sera maintenue seulement pour les malheureux fellahs qui seront forcés d'aller cultiver le coton et le sucre sans être payés. Ne vous laissez donc pas séduire par des mots, par des grimaces. Ce sont de mauvaises plaisanteries. On abolira la corvée pour le canal, on la conservera et on la conservera soigneusement au profit de Messieurs les pachas.

Cependant, en cherchant bien, le remède est près du mal. Je me suis demandé : N'est-il pas possible d'abolir cette fâcheuse institution de la corvée pour le canal ? Et alors, recherchant les exemples qui ressemblent à cette vilaine institution, je me suis rappelé le fait bien plus mauvais, bien plus détestable, bien plus exécrable, de l'esclavage; je me suis demandé comment avaient fait les peuples qui avaient voulu abolir l'esclavage, et je me suis rappelé l'exemple de notre Convention, de l'Angleterre, de la république de 1848, qui a eu le grand, l'insigne honneur d'abolir l'esclavage. Je me suis demandé : Comment ont-ils fait, ces grands pouvoirs qu'on n'accusera pas d'être réactionnaires? Comment ont-ils aboli l'esclavage? Ils l'ont aboli moyennant indemnité, c'est-à-dire en respectant, jusqu'à un certain point, même le droit très-discutable de la propriété humaine.

Je veux vous raconter une anecdote : Dans une réunion à laquelle j'assistais, lors de l'agitation anglaise pour l'abolition de l'esclavage, on fit valoir un argument qui m'est resté dans la mémoire. Un orateur, avec des paroles plus éloquentes assurément que celles que je prononce devant vous, disait, au sujet du rachat des esclaves : « Oui, l'indemnité pour les esclaves doit être comme une amende que la société doit s'infliger à elle-même, pour avoir si longtemps permis l'esclavage, cette mauvaise, cette détestable institution : ce n'est pas un rachat, c'est une amende qu'elle se doit à

« elle-même de payer, et qu'elle doit remettre « entre les mains des propriétaires d'esclaves. »

La corvée est une institution bien moins odieuse; elle vous blesse cependant, elle me blesse plus que vous ; faisons-en justice, et voici ma solution. Si le gouvernement égyptien est si patriotique, si amoureux du progrès, je ne demande pas mieux, il va au-devant de mes vœux les plus ardents, qu'il soit béni! je l'admire et je le remercie. Votre Compagnie a des traités avec le gouvernement égyptien, basés sur des devis qui établissent le chiffre des dépenses qu'elle avait à faire. Le mètre cube revient à tant, à la condition qu'on fournisse une corvée de vingt mille individus. Le mètre cube, si je ne me trompe, revient à 70 ou 80 centimes. Eh bien! si le vice-roi veut revenir sur ces traités, rien de plus facile, il n'a qu'à faire la différence entre le prix du mètre cube fait par les corvées et le mètre cube fait par des travailleurs libres ou des machines. Je crois que le travail libre coûte à peu près le double; eh bien! il n'y a qu'à demander au vice-roi la différence entre le mètre cube exécuté par la corvée et le mètre cube exécuté par le travail libre; car enfin, la Compagnie ne doit pas payer les frais de la suppression de la corvée en Égypte, quelque louable qu'elle soit.

La Compagnie peut dire au vice-roi : La corvée existait chez vous, ce n'est pas moi qui l'ai créée, j'en ai profité parce que tel a été votre bon plaisir. Vous me demandez de l'abandonner, je le veux bien; mais je ne suis pas obligée de faire de la philanthropie en Égypte à mes frais. Que l'Égypte ne cherche pas à faire de l'humanité sur le dos de la Compagnie. Nous, patriotes français, nous payons notre gloire et notre philanthropie, mais non la gloire et la philanthropie musulmanes; ce serait folie, insanité d'esprit. Si votre Conseil avait accepté cette condition sans compensation, il mériterait, Messieurs, d'être conduit aux Petites-Maisons ou en police correctionnelle.

Que le vice-roi d'Égypte vienne vous demander, à vous Compagnie, votre argent, contre vos conventions, pour émanciper ses fellahs! Non, cela n'est pas possible, cela n'est pas raisonnable, cela ne soutient pas l'examen; il n'y a pas un homme sérieux, pas un homme de bonne foi qui puisse le demander.

Ce que doit faire la Compagnie, ce qu'elle fera, c'est de se montrer conciliante, parce qu'après tout, la politique, c'est souvent l'art de concilier les principes avec les intérêts.

Assurément, vous pouvez vous retrancher derrière vos contrats authentiques avec le gouvernement égyptien; mais y a-t-il pour vous un bien grand avantage? Après avoir constaté, avec toute la conviction dont je suis capable, vos droits, la bonne direction que vous avez imprimée à vos travaux, l'excellente conduite que vous avez tenue jusqu'à présent; eh bien! je vous dirai (de ma part rien ne vous sera suspect, c'est un ami désintéressé, dévoué qui vous parle), je vous dirai : Soyez conciliants. Oui, il le faut, il le faut dans l'intérêt de tout le monde, il le faut dans l'intérêt de l'Égypte, qui est liée vis-à-vis de vous, et qui ne peut rien faire sans vous. Il le faut dans l'intérêt de la Compagnie, car la Compagnie doit être appuyée par le vice-roi; elle a tout à gagner à la conciliation. Les efforts réunis du vice-roi et de la Compagnie ne sont pas de trop, croyez-moi. Pour cette œuvre du canal de Suez, n'abandonnez aucune de vos forces, si vous voulez réussir; mais soyez conciliants et adoptez ce que je considère comme juste, comme faisable. Faites disparaître cette corvée qui est mon cauchemar. Un exemple se présente à mon esprit, je le trouve en Égypte même : il est d'hier. Un bassin se creuse à Suez par les Messageries Impériales. Je ne serai pas démenti par l'ancien directeur des Messageries, aujourd'hui ministre des travaux publics, l'honorable M. Béhic. Ce travail devait être fait moyennant une corvée fournie par le gouvernement égyptien. Le traité était conclu. Et puis, le gouvernement égyptien trouva qu'il lui coûtait plus cher d'envoyer ses travailleurs, et qu'il aurait beaucoup plus d'avantages à les garder, qu'il trouverait mieux son compte à ce que le bassin fût creusé par le travail libre que par le travail forcé, parce que, depuis le traité avec les Messageries, il s'était passé de l'autre côté de l'Océan de grands événements qui avaient changé la condition agricole de l'Égypte. Le coton, autrefois très-bon marché, était très-cher; il y avait de gros bénéfices pour l'Égypte à le cultiver depuis qu'elle ne craignait plus la concurrence américaine. Le vice-roi, qui est très-bon calculateur, s'est dit : « Je fournis aux Messageries Impériales des travailleurs par la corvée, c'est une erreur; j'aurais bien plus d'avantage à garder ces hommes sur mes terres à coton et à sucre. » Et il a proposé à M. Béhic de ne plus lui fournir des ouvriers par la corvée, en parlant aussi de l'humanité qui s'y opposait.

L'humanité! ah! c'est une si belle chose, même pour les Orientaux. M. Béhic lui a répondu : « Vous avez raison, l'humanité est une excel- « lente chose; mais calculons ce que nous coû- « tera votre humanité. » Et le gouvernement égyptien, après avoir beaucoup compté, beaucoup calculé, après avoir fumé beaucoup de pipes et pris beaucoup de tasses de café, finit par s'exécuter et par payer, si je ne me trompe, trois millions et quelques cent mille francs à la Compagnie des Messageries, afin de remplacer, par le travail libre, la corvée à laquelle il était engagé pour le creusement du bassin de Suez.

Eh bien! qu'il fasse de même pour la Compagnie de Suez.

Je reprends la discussion des autres points.

Le canal d'eau douce est fait, personne ne peut conseiller à la Compagnie de le céder; elle en a besoin pour achever le canal maritime; elle en a besoin pour transporter les pierres de la carrière de Gebel-Geneffé; il y a donc lieu de refuser la cession du canal d'eau douce.

Le gouvernement égyptien veut rentrer dans les concessions de terres qu'il vous a faites? Mon Dieu! pourquoi vous y refuser? C'est un compte à faire entre vous et lui. Cette question a une certaine gravité, et je vous demande la permission de m'y arrêter.

Chez nous, à Paris surtout, on ne respecte peut-être pas toujours assez la propriété particulière. Il y a ce qu'on appelle l'expropriation pour cause d'utilité publique, qui permet de vous dépouiller, à prix d'argent, et vous savez si on en use; cela coûte beaucoup d'argent, mais cela peut se faire, c'est légal.

Les Orientaux ne savent pas ce que c'est que l'expropriation : ils y viendront peut-être; je le leur souhaite moins que beaucoup d'autres choses.

La base de toute expropriation c'est la valeur. Si l'on veut vous déposséder de vos terres, il faudra bien qu'on vous indemnise, qu'on vous en donne le prix. Je crois qu'il est impossible d'apprécier aujourd'hui la valeur des terrains dont vous êtes concessionnaires. Vous êtes concessionnaires de toutes les terres que vous pouvez arroser et fertiliser avec le canal d'eau douce. Toutes les fois qu'il y a de l'eau en Égypte, il y a de la fertilité, et toutes les terres que vous pouvez arroser vous appartiennent à perpétuité d'après le droit musulman. Aujourd'hui, on ne peut pas vous dire elles valent tant, abandonnez-les pour tel prix, parce qu'aujourd'hui ces terres ne valent rien. Telle terre, stérile et improductive avant qu'un canal ou un chemin de fer soit fait, devient, par l'établissement de ce chemin de fer ou de ce canal, fertile et productive, et acquiert ainsi une valeur qui était inappréciable auparavant. Leur valeur ne peut donc pas être appréciée aujourd'hui, cela est incontestable. Mais il y a un moyen de s'entendre. Pourquoi n'admettriez-vous pas, comme base future, le rachat après l'achèvement des travaux? Pourquoi ne diriez-vous pas: Dans deux ans, dans trois ans, certains lots de terrains seront successivement rachetés par le vice-roi, selon la valeur qui leur aura alors été reconnue par une estimation loyale et réciproque? Vous saurez alors ce que vous vendrez. Mais si vous vendiez aujourd'hui ces terrains dont la valeur n'est pas appréciée et n'est pas appréciable, ce serait ruine ou folie: ou vous vendriez pour rien, en faisant payer la valeur actuelle, ou vous devriez demander un prix qui paraîtrait exagéré aujourd'hui. Il faut donc attendre que vous sachiez ce que valent vos terres pour les vendre.

Aujourd'hui, faites un arrangement pour vendre dans l'avenir, à l'amiable, successivement et partiellement vos terrains; n'agissez pas autrement.

Si l'on pouvait arriver ainsi à une conciliation pour les terrains, il me semble que la plus grande partie des difficultés du percement de l'isthme serait résolue.

Pour obtenir ce résultat, quelle est la seule marche à suivre? Appelez la lumière et la discussion sur vos affaires; elles ne peuvent qu'y gagner. Toutes les fois qu'on discutera franchement, loyalement, vous en sortirez victorieux. Vous n'avez à craindre que l'obscurité et les ténèbres; ne vous y laissez pas surprendre. Les ténèbres sont contre vous, la lumière est en votre faveur.

Eh bien! discutez, et n'oubliez pas que vous êtes les défenseurs obligés, nécessaires, de vos actionnaires; discutez dans leur intérêt et dans l'intérêt de l'honneur de la France, que vous représentez dans cette affaire. Pour suivre cette voie ferme et conciliante, tâchez de vous entendre d'abord directement avec le vice-roi; et si tout échoue, s'il vous demande ce que vous ne devez et ne pouvez pas céder; s'il veut vous opprimer sous la menace de la Porte, alors adressez-vous au gouvernement de l'Empereur. Il faut que tout cela passe par la voie régulière et officielle du ministère des affaires étrangères, et non par ceux qui sont étrangers à vos affaires. Agissez en plein soleil. Qu'est-ce que c'est que ces arbitres, que ces avis, que ces interventions dont on fait tant de bruit? Je n'en sais rien et je n'en veux rien savoir. Ne vous occupez pas de cela; tout ce qui ne se fait pas au grand jour officiel, tout ce qui affecte l'ombre est mauvais.

Encore une fois, vous n'avez rien à craindre, marchez en avant, marchez au grand jour de l'opinion publique. Exposez, développez vos idées, vos projets, ne cachez rien; mais marchez régulièrement, honnêtement, comme vous l'avez toujours fait.

Permettez-moi de déclarer, en terminant ce trop long discours, que vous ne devez attribuer aucune attache officielle à ce que je viens de vous dire. J'ai un défaut, et il me sera difficile de m'en corriger, c'est celui d'une extrême franchise. Tout ce que je vous ai dit, c'est mon opinion personnelle; elle n'engage que moi seul. Cependant, je suis tellement convaincu de la bonté de la cause que je viens de défendre, de la justesse des idées que je viens d'émettre, que si l'opinion publique les adopte, j'aime à espérer que le gouvernement les approuvera aussi. J'ai confiance dans le gouvernement de l'Empereur, protecteur naturel des droits des citoyens français à l'étranger.

TABLE

www.ingramcontent.com/pod-product-compliance
Ingram Content Group UK Ltd.
Pitfield, Milton Keynes, MK11 3LW, UK
UKHW022049190726
13855UKWH00002B/454

9 782012 968677